Daniel N. Stern

Ausdrucksformen der Vitalität

»Daniel Stern bringt uns mit seiner Betrachtung des Vitalitätserlebens die Ursprünge einer durch Bewegung, Kraft, Zeit, Raum und Intention konstituierten Erfahrung näher. Sein Werk ist eine bedeutsame Auseinandersetzung mit einem zentralen Aspekt des Menschseins.«
(Antonio Damasio, Direktor des Brain and Creativity Institute, University of Southern California)

»Aus welchen Elementarteilen der Beziehungen ergibt sich die Feinabstimmung des Dialogs, die Einfühlung in den Anderen? (...) Die Mikroanalyse auch kleinster Veränderungen bringt vieles an den Tag, was in der reinen Sprachkur oft unter den Tisch fällt. (...) Er (Stern) will seinen Kollegen die Augen und Ohren und andere Sinne öffnen für den Reichtum dessen, was sich zum Teil in Sekundenbruchteilen zwischen den beiden Partnern vollzieht.«
(Tilmann Moser, Deutsches Ärzteblatt)

»Therapeut und Patient können der in den Vitalitätsformen zum Ausdruck kommenden Abwehr inne werden. Es entsteht ein körperlich-geistiger Dialog des impliziten Erlebens, der neben der reflektierten verbalen Verarbeitung herläuft und es so ermöglicht, tiefe Einblicke in das Implizite zu bekommen.«
(Selbstpsychologie)

»Dieses faszinierende Buch widmet sich den winzigen Details, aus denen jeder einzelne Moment unseres Wachlebens besteht. Es macht uns zunächst mit der Vitalität an sich bekannt, die in der unablässigen körperlichen, geistigen und emotionalen Bewegtheit des menschlichen Körpers zum Ausdruck kommt. Sterns verständliche, luzide Prosa macht dieses Buch zu einer wunderbaren Lektüre.«
(Robert Wilson, Theaterkünstler, New York)

Der Autor:

Daniel N. Stern, M. D., Psychoanalytiker, international renommierter Säuglingsforscher und Entwicklungspsychologe, verstorben 2012. Autor zahlreicher Bücher; bei Brandes & Apsel sind erschienen: *Der Gegenwartsmoment* (5. Auflage 2018); *Veränderungsprozesse* (2012); *Geburt einer Mutter* (5. Auflage 2016).

Die Übersetzerin:

Elisabeth Vorspohl, Übersetzerin der Werke Bions in der *edition diskord* sowie weiterer Werke im Brandes & Apsel Verlag, renommierte Übersetzerin und Lektorin psychoanalytischer Fachliteratur. Lebt und arbeitet in Bonn.

Daniel N. Stern

Ausdrucksformen der Vitalität

Die Erforschung dynamischen Erlebens in Psychotherapie, Entwicklungspsychologie und den Künsten

Aus dem Amerikanischen
übersetzt von Elisabeth Vorspohl

Brandes & Apsel

Erschienen 2010 bei Oxford University Press unter dem Titel:
Forms of Vitality. Exploring Dynamic Experience in Psychology, the Arts, Psychotherapy, and Development
First Edition was originally published in English in 2010.
This translation is published by arrangement with Oxford University Press.

2. Auflage 2019
1. Auflage 2011

DTP & Umschlag: Felicitas Alt, Brandes & Apsel Verlag, Frankfurt a. M.
Druck: STEGA TISAK d.o.o., Printed in Croatia
Gedruckt auf einem nach den Richtlinien des Forest Stewardship Council (FSC) zertifizierten, säurefreien, alterungsbeständigen und chlorfrei gebleichten Papier.

Bibliografische Information der Deutschen Nationalbibliothek:
Die Deutsche Nationalbibliothek verzeichnet diese Publikation in der Deutschen Nationalbibliografie; detaillierte bibliografische Daten sind im Internet über www.ddb.de abrufbar.

ISBN 978-3-86099-692-8

Inhalt

Widmung

Dieses Buch konnte ich dank der Inspiration, der Unterstützung und der Ideen meiner Frau, Nadia Bruschweiler-Stern, schreiben. Ich danke ihr sehr.

Erster Teil

Einführung und Hintergrund

1. Kapitel

Dynamische Formen der Vitalität – Eine Einführung

Mit diesem Buch möchte ich die Aufmerksamkeit auf einen Aspekt des menschlichen Erlebens lenken, der zumeist, weil allzu offensichtlich, übersehen wird: die Vitalität. Man bringt sie nur selten zur Sprache, obwohl sie sich in einer Fülle dynamischer Formen ausdrückt und nicht nur unser tägliches Leben, sondern auch die Psychologie, die Psychotherapie und die Künste durchdringt.

Was aber ist Vitalität? Wir wissen, dass sich in ihr das Leben manifestiert, die Lebendigkeit. Wir nehmen unsere eigene Vitalität sehr sensibel wahr und registrieren gleichermaßen aufmerksam, wie sie sich bei anderen Menschen äußert. Das Leben bekundet sich in so vielen unterschiedlichen Formen der Vitalität, dass ihr Variantenreichtum nahezu unbegrenzt sein muss. Wie können wir sie erforschen? Wo fangen wir am besten an?

In früheren Jahrhunderten lehrten die Vertreter des »Vitalismus«, dass sich alles Leben einem eigenständigen Prinzip verdanke, nämlich der Lebenskraft (»élan vital« oder »vis vitalis«), die sich von allen bekannten physikalischen, chemischen und geistig-seelischen Kräften unterscheide. Diese Sichtweise wurde infolge der naturwissenschaftlichen Weiterentwicklung vor langer Zeit verworfen. Damit einhergehend aber hat man auch der Vitalität fortan kaum mehr Beachtung gewidmet.

Die Vitalität hat sich seither jedoch keineswegs in Luft aufgelöst. Sie bleibt eine reale menschliche Erfahrung. Wir nehmen Vitalitätseindrücke wahr, so wie wir Sauerstoff atmen. Wir erleben andere Menschen ganz selbstverständlich durch ihre Vitalität. Intuitiv bewerten wir ihre Emotionen, ihre inneren Zustände, das, was sie denken, und das, was sie wirklich meinen, ihre Authentizität, ihre Handlungsabsichten und ihre gesundheitliche Verfassung auf der Grundlage der Vitalität, die in ihren praktisch pausenlosen Bewegungen Ausdruck findet. Die zeitgestützten Künste, nämlich die Musik, der Tanz, das Theater und Kino (die Beispiele, mit denen ich in diesem Buch arbeiten werde), berühren uns, weil ihre Vitalitätsäußerungen in uns selbst einen Widerhall finden.

Ohne die Manifestationen der Vitalität wäre die Welt weit weniger interessant, und der Umgang der Menschen miteinander wäre statt analog digital – wie auch immer wir uns dies vorstellen mögen.

Um die Erforschung der Vitalität in diesem Jahrhundert fortzusetzen, werden wir sie zunächst als eine psychisch-geistige Hervorbringung behandeln, als Produkt der mentalen Integration zahlreicher innerer und äußerer Vorgänge zu einer subjektiven Erfahrung und einer phänomenalen Realität. Natürlich aber muss sie in körperlicher Aktivität und in nachvollziehbaren mentalen Operationen wurzeln. Entgegen der vitalistischen Lehre existiert sie nicht eigenständig.

Aus Gründen, die sich im weiteren Verlauf erschließen werden, beginnen wir mit der Bewegung. Dabei ist zu beachten, dass Bewegungen, so wie der menschliche Geist sie wahrnimmt, niemals isoliert stattfinden. Sie werden von weiteren Vorgängen begleitet. Jede Bewegung entfaltet sich während eines gewissen Zeitraums – und sei er von kürzester Dauer. Außerdem taucht mit jeder einsetzenden, sich vollziehenden und endenden Bewegung eine zeitliche Kontur, ein Zeitprofil, auf. Dadurch wird parallel zu der Bewegung in unserer Psyche ein Gewahrsein für Zeit, für Form und Dauer erzeugt. Zeit ist schließlich eine menschliche Erfindung.

Bewegungen veranlassen uns überdies zur Wahrnehmung oder Zuschreibung von Kraft oder Kräften, die »dahinter« stehen oder »darin« enthalten sind.

Weil sich Bewegung außerdem im Raum vollziehen muss, erzeugt sie auch ein Gewahrsein des Raumes.

Und schließlich weist Bewegung eine Gerichtetheit auf. Sie scheint »irgendwohin« zu streben. So stellt sich unweigerlich auch ein Gewahrsein von Intentionalität ein. In gewisser Weise könnte man Kraft, Zeit, Raum und Gerichtetheit als die vier Töchter der Bewegung bezeichnen.

Indem wir mit der Bewegung beginnen, erhalten wir folglich fünf miteinander zusammenhängende dynamische Vorgänge. Diese fünf theoretisch unterschiedlichen Vorgänge – Bewegung, Zeit, Kraft, Raum und Intention/

Gerichtetheit – bewirken in ihrer Gesamtheit, dass wir Vitalität erleben. Als Globales, als Gestalt, erzeugen diese fünf Komponenten eine »fundamentale dynamische Pentade«. Diese natürliche Gestalt lässt uns die Vitalität in unseren eigenen und in den Bewegungen anderer Menschen spüren.

Doch wie werden all diese separaten Elemente so miteinander verbunden, dass sie das Vitalitätserleben hervorrufen? Lernen wir, dass diese fünf Vorgänge zusammengehören, oder ist der menschliche Geist darauf ausgelegt, sie zu vereinheitlichen? Die Naturwissenschaften sind in einer schwierigen Lage. Einerseits versuchen sie ihrer Bestimmung gemäß, Vorgänge immer weiter zu zerlegen, zu reduzieren und voneinander zu isolieren, um ihre Funktionsweisen zu erklären. Das Ergebnis ist eine Fragmentierung der uns vertrauten Welt. Was zum Beispiel unsere Fähigkeit betrifft, ein Gesicht, das wir schon einmal gesehen haben, wiederzuerkennen, so wissen wir, dass bestimmte Neuronen oder Schaltkreise unseres Nervensystems die Hell-dunkel-Kontraste verarbeiten, während andere dafür zuständig sind, Symmetrie in der vertikalen Ebene zu bewerten, und wieder andere spezifische Merkmale, Proportionen und so weiter prozessieren. All diese Operationen vollziehen sich außerhalb des Bewusstseins, ohne dass wir darüber nachdenken. Sie sind faszinierend, aber auch weit entfernt von der normalen phänomenalen Erfahrung, ein vertrautes Gesicht wiederzuerkennen.

Somit ergibt sich folgendes Problem: Wie setzen wir diese in Fragmente zerlegte Welt wieder zusammen? Wie können wir all die vertrauten »Ganzheiten« rekonstruieren, die unser alltägliches phänomenales Erleben ausmachen?

Vitalität ist ein Ganzes. Sie ist eine Gestalt, die aus den theoretisch separaten Wahrnehmungen von Bewegung, Kraft, Zeit, Raum und Intention hervorgeht. Sie wird ebenso wenig Stück für Stück bewusst analysiert, wie wir ein vertrautes Gesicht analysieren, obgleich man jedes einzelne Element für sich betrachten und isoliert von allen anderen untersuchen könnte.

Das Konzept, das für die Auseinandersetzung mit holistischem Erleben von größtem Nutzen zu sein verspricht, ist die Gestalt oder die »emergente Eigenschaft«. Der Sprung zu einer Gestalt ist gleichermaßen mysteriös wie das Zutagetreten einer emergenten Eigenschaft. Die Wissenschaften (sei's die Theorie dynamischer Systeme, die Komplexitätstheorie oder die Chaostheorie) beißen sich daran die Zähne aus. Trotzdem sind Ganzheiten oder Gestalten und emergente Eigenschaften ebendas, womit wir arbeiten müssen und was die uns bekannte Welt weitgehend ausmacht. Wir leisten diesen außergewöhnlichen Integrationsakt ständig, ohne auch nur einen

Gedanken daran zu verschwenden. Ebenso wie viele andere Phänomene, die wir direkt erfassen, können wir der fundamentalen dynamischen Pentade die dynamischen Formen der Vitalität ablesen.

Dennoch ist es hilfreich, die verschiedenen Merkmale zu identifizieren, die an der Erzeugung des Ganzen beteiligt sind, und sich diese Vitalitätsgestalt genauer anzusehen.

Was macht die Vitalitätsformen »dynamisch«? Albert Einstein wurde einmal gefragt, ob er in Worten oder in Bildern denke. Er soll geantwortet haben: »Weder noch, ich denke in Kräften und Volumina, die sich in Zeit und Raum bewegen.« Das ist die Sprache, in der ein Physiker über »Dynamik« spricht, über den Prozess der Veränderung oder der raschen Entwicklung beweglicher Kräfte. So wie Einstein den Begriff »Dynamik« benutzt, beschreibt er die in ständiger Umbildung begriffenen Geschehnisse des Universums. Selbst so etwas wie Intention ist hierbei unverkennbar im Spiel, wenngleich in nicht-mentaler Form als Entropie oder als Schwerkraft.

Schauen wir uns nun die »Dynamik« der sehr kleinen, nur Sekunden dauernden Vorgänge unter der Lupe an, aus denen die interpersonalen psychologischen Momente unseres Lebens bestehen: die Kraft, das Tempo und den Fluss einer Geste; die zeitliche Dauer und die Betonung einer Redewendung oder auch nur eines Wortes; die Art, wie sich ein Lächeln auf einem Gesicht ausbreitet, oder den zeitlichen Verlauf seines Erstarrens; die Art und Weise, wie jemand seine Sitzposition im Sessel verändert; das Zeitprofil des mit erwachendem Interesse einhergehenden Anhebens der Augenbrauen und die Zeitdauer, bis sie sich wieder senken; den Wechsel der Blickrichtung und das Ausweichen des Blicks; und schließlich das Hereinbrechen oder Sich-Einschleichen eines Gedankens – allesamt Beispiele für die dynamischen Formen in unserem Alltagslebens und für unsere Wahrnehmung dieser Dynamik. Ihre Dimension ist klein, aber sie konstituiert die Matrix unseres Selbsterlebens, unseres Erlebens anderer Menschen und unserer Wahrnehmung ihrer Vitalität.

Das Gleiche gilt für die zeitgestützten Künste. Der dynamische Fluss der Musik (Klang in Bewegung), des Tanzes, des Theaters und Films reißt uns mit und gibt uns im nächsten Moment wieder frei – indes nur, um uns sogleich abermals zu ergreifen und rasch flussabwärts zu tragen. Die fundamentale dynamische Pentade von Bewegung, Zeit, Kraft, Raum und Intention ist augenscheinlich eine elementare, natürliche Gestalt, die sich in der unbelebten Welt, die wir beobachten, ebenso findet wie in den von uns selbst gelebten interpersonalen Beziehungen und in den kulturellen

Hervorbringungen, die wir kennenlernen. Offenbar ist unser Geist so beschaffen, das er dynamische Vorgänge in dieser Weise wahrnimmt.

Der Begriff »Dynamik« hat zahlreiche Bedeutungen. Die Physik beschäftigt sich mit der Dynamik objektiver Kräfte, die messbare Systeme bewegen oder ausbalancieren. Diese Dynamik ist Energie, Kraft in Bewegung, Leistung. Dynamik ist aber auch die im Prozess befindliche Umwandlung, also das Gegenteil der Stasis. In der Musik wiederum bezeichnet der Begriff »Dynamik« gewöhnlich die Veränderungen der Lautstärke (die Amplitude als Produkt der Kraft). Der zeitliche Verlauf der Veränderung ist dabei impliziert. In der Psychoanalyse erzeugen psychische Kräfte und Gegenkräfte und die daraus hervorgehenden Erfahrungen (die »Psychodynamik«) im Laufe der Entwicklung eine Geschichte von Bedeutungen. Thompson (1994) charakterisiert die Prozesse, die aus wechselseitig interagierenden Inputs (Kräften) des Arousals, der kognitiven Beurteilung, des sozialen Kontextes und so weiter eine Emotion hervorbringen, als »emotionale Dynamik«. Bekannt ist uns auch die »Dynamik« unserer Körperbewegungen im Alltagsleben und beim Sport. Die dynamischen Formen der Vitalität sind etwas anderes, nämlich psychische, subjektive Phänomene, die aus der Begegnung mit dynamischen Vorgängen hervorgehen.[1]

---

[1] Ich beschäftige mich seit vielen Jahren mit den dynamischen Aspekten unseres Erlebens und habe diesen Aspekt immer wieder mit unterschiedlichen Begriffen bezeichnet: »Vitalitätsaffekte«, »temporale Gefühlsgestalten« oder »zeitliche Gefühlsformen«, »temporale Gefühlskonturen«, »proto-narrative Hüllen« oder »Vitalitätskonturen«; nun also spreche ich von »dynamischen Formen der Vitalität« oder »dynamischen Vitalitätsformen« (Stern et al., 1984; Stern, 1985, 1994, 1995, 1999, 2004). Koppe, Harder und Vaever (2007) halten fest, dass einige der terminologischen Veränderungen Probleme bereiten. Sie fragen, ob die neuen Begriffe auf Modifizierungen der zugrunde liegenden Konzepte verweisen. Ja und nein. Der entscheidende Grund für diese terminologischen Abweichungen ist die Schwierigkeit, Dynamik präzise zu bezeichnen, denn man trifft das, was man sagen will, nie ganz genau. Das Ergebnis sind neue und gleichfalls nie restlos zufriedenstellende Versuche. Anders ausgedrückt: Neue Begriffe spiegeln nicht zwangsläufig wesentliche Veränderungen des zugrunde liegenden Konzepts wider. Ich habe weniger konzeptuelle Modifizierungen vorgenommen, als vielmehr wechselnde konzeptuelle Kontexte betont. In diesem Buch fasse ich all diese Termini unter dem umfassenderen Begriff »dynamische Vitalitätsformen« zusammen. Meine früheren Ausführungen über Zeit und Intensität werden also erweitert, indem ich auch »Kraft«, »Bewegung«, »Raum«, »Gerichtetheit« und »Lebendigkeit« in die Diskussion einbeziehe.

Eine genauere Vorstellung von den dynamischen Vitalitätsformen vermittelt die folgende Wörterliste:

explodierend
anschwellend
lang gezogen
energisch
ansteigend
eilend
entspannend
aufgeregt
angespannt
gleitend
stillhaltend

aufwallend
aufberstend
verschwindend
kraftvoll
pulsierend
mitziehend
schmelzend
angestrengt
sanft
schwingend
locker

akzelerierend
verblassend
flüchtig
schwach
zögerlich
schiebend
schwebend
mühelos
stockend
gestrafft
gefesselt
und viele mehr.

Manche Menschen nehmend die Achsen Zeit x Intensität (Kraft) mühelos wahr, anderen fällt es schwerer. Sehen wir uns beispielsweise Abbildung 1.1 an:

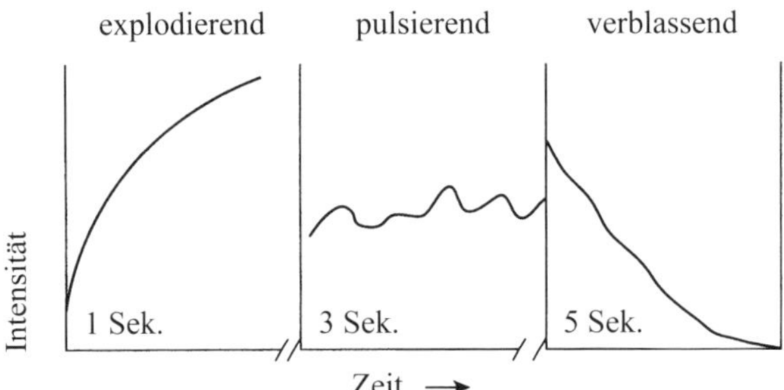

Abbildung 1.1 *Zeit x Intensität (Kraft)-Graphen für drei mögliche Vitalitätsformen.*

Obwohl diese Wörter durchaus geläufig sind, ist die Liste dennoch merkwürdig. Bei den meisten Wörtern handelt es sich um Adverbien oder Adjektive, nicht um Wörter für Emotionen. Die Begriffe bezeichnen auch weder motivationale Zustände noch reine Wahrnehmungen oder körperliche Sensationen im strengen Sinn, denn sie implizieren keine Sinnesmodalität.

Sie benennen auch keine direkten Kognitionen, so wie man den Begriff gewöhnlich versteht, und keine Aktionen, denn sie verweisen weder auf einen Zielzustand noch auf spezifische Handlungsmittel. Die Wörter zielen auf irgendetwas zwischen all dem: Gefühltes Erleben von Kraft – in Bewegung – mit einer zeitlichen Kontur, ein Gewahrsein von Lebendigkeit, ein Gefühl, irgendwohin zu gehen. Nicht spezifische Inhalte sind angesprochen, sondern eher Formen. Die Wörter betreffen das »Wie«, die Art und Weise, den Stil, nicht das »Was« oder »Warum«.

Ungeachtet des »Inhalts« (Gedanken, Aktivitäten und Emotionen) hat jede dieser Vitalitätsgestalten ihr eigenes Fließmuster (zum Beispiel akzelerierend, explodierend und verblassend), das eine besondere Art des Erlebens konstituiert.

Ich vertrete die Ansicht, dass die dynamischen Formen der Vitalität die fundamentalsten aller gefühlten Erfahrungen sind, wenn wir mit anderen »Menschen in Bewegung« zu tun haben.

Warum wird diese Gestalt als »Vitalitätsform« bezeichnet?

Das Erleben von Vitalität ist dem Bewegungsakt inhärent. Bewegung und ihre propriozeptive Wahrnehmung sind die primäre Manifestation der Belebtheit. Sie vermitteln das Grundgewahrsein der Lebendigkeit.

Physisch und psychisch sind wir ständig in Bewegung. Wenn sich in unserem Geist und Körper im Wachzustand nicht unentwegt etwas veränderte, würden wir uns nicht lebendig und vital fühlen. Die Rede ist hier von dynamischen Veränderungen, die sich pausenlos vollziehen: Zum Beispiel atmen wir in einem Zyklus, der sich alle drei bis vier Sekunden wiederholt. Unser Körper ist praktisch andauernd in Bewegung: Wir bewegen unseren Mund, zucken mit den Mundwinkeln, fassen mit der Hand ans Gesicht, nehmen kleine Veränderungen der Kopfhaltung und -orientierung vor, wechseln Gesichtsausdruck und Blickrichtung, passen den Muskeltonus unserer Körperhaltung an, je nachdem, ob wir stehen, sitzen und (im Wachzustand) liegen. Diese Vorgänge sind äußerlich nicht unbedingt sichtbar. Gesten und größere Akte entfalten sich in der Zeit. Haben sie einmal eingesetzt, verändern sie sich saumlos. Wir können uns dessen bewusst sein oder es lediglich am Rande wahrnehmen. Darüber hinaus wird jede Bewegung von bewusster oder nicht-bewusster Propriozeption begleitet.

Während sich der Körper bewegt, »gehen« uns, bildlich gesprochen, gleichzeitig Gedanken durch den Kopf – schweifen umher, formen sich rasch aus, explodieren oder stocken oder verblassen. In ähnlicher Weise bauen sich Emotionen auf und wieder ab, mal sacht, mal ungestüm. Körpersensationen machen sich bemerkbar, sei's schleichend oder in geradezu überwältigender Manier; dabei zeichnen ihre Intensität und ihre Dauer eine Zeitlinie, wie sie auch der Fluss eines Musikstücks, eines Tanzes oder eines anderen Stimulus zeichnet. Zudem unterliegt unser Arousalniveau Mikroveränderungen, die häufig vernachlässigt werden, obwohl sich parallel zu den Vorgängen, die wir erleben, unsere Wachheit, Aufmerksamkeit und unsere innere Beteiligung verändern.

Der Anblick eines Toten ist schockierend, weil die Leiche sich nicht bewegt, weil sich nichts an ihr rührt und selbst die beinahe subliminalen Tonusvibrationen zum Stillstand gelangt sind. Wir erfassen dies mit einem Blick, sogar aus dem Augenwinkel. Ohne Bewegung können wir keine mentale, unsichtbare Aktivität – Gedanken, Emotionen oder »Willen« – lesen oder imaginieren. Deshalb wissen wir, dass keine vitale Präsenz mehr vorhanden ist. (Dies hängt auch mit der Art und Weise zusammen, wie wir uns selbst erleben; siehe Sevdalis und Keller, 2008.)

Wenn eine Mutter ihrem Baby eine völlig ausdruckslose und starre Miene präsentiert, reagieren schon neugeborene Säuglinge innerhalb von Sekunden unruhig. Babys bringen ein funktionsfähiges peripheres Sehvermögen mit auf die Welt, dank dessen sie Bewegungen an der Peripherie des Gesichtsfeldes registrieren können. Dementsprechend nehmen sie die Unbeweglichkeit wahr, gleichgültig, auf welche Partie des mütterlichen Gesichts sich ihr Blick richtet.

Die nahezu ständigen Veränderungen in der Bewegung halten unser Gefühl der Lebendigkeit und des »fortwährenden Seins« (vgl. Winnicott, 1971) aufrecht und aktivieren es stets aufs Neue. Ohne ihren dynamischen Fluss wäre Bewegung nichts anderes als eine Abfolge einzelner Schritte, und wir wären digitale Organismen aus dem Land der frühen Robotergenerationen.

Woran liegt es, dass die dynamischen Formen der Vitalität kaum untersucht wurden? Wir können sie nach wie vor nur unzulänglich erklären, obwohl wir sie so gut kennen – vielleicht allzu gut. Vitalitätsformen sind schwierig zu fassen, weil wir sie bei praktisch allen Aktivitäten, denen wir im Wachzustand nachgehen, am eigenen Leib spüren. Sie werden durch die gefühlte Qualität der Emotionen verborgen, die mit ihnen einhergehen, und von der expliziten Bedeutung des Gedankenzugs absorbiert, den sie begleiten. Deshalb widmen wir unsere Aufmerksamkeit nicht der Art und Weise, wie sich die Herausbildung des Gedankens anfühlt, sondern meist nur dessen Inhalt. Die Vitalitätsform rutscht uns sozusagen durch die Finger. Es ist merkwürdig, dass das Erleben von Dynamik sogar dann, wenn es um motorische Aktivitäten geht, zumeist als etwas Selbstverständliches genommen wird – wir betrachten es als Teil von Mittel-Zweck-Operationen, die ein bestimmtes Ziel verfolgen, und schenken ihm deshalb keine sonderliche Beachtung. Heutzutage konzentrieren wir uns vor allem auf die »Verkörperung« und den »verkörperten Geist« (Varela, Thompson und Rosch, 1991). Dieses Konzept hebt unter anderem darauf ab, dass sämtliche (mentalen und körperlichen) Akte, während sie ausgeführt werden, unweigerlich eine zeitliche Gestalt annehmen. Andernfalls wäre unser Erleben der menschlichen Welt nicht verkörpert – es wäre nicht zu erkennen.

Formen von Vitalität sind, wenngleich kaum untersucht, reich an Implikationen. Diese sollen hier erforscht werden.

Warum sollten wir die Vitalitätsformen gründlich erforschen?

Für weitergehende Untersuchungen der Vitalitätsformen gibt es erstens psychologische und klinische Gründe.

1. Dynamische Formen der Vitalität sind Teil unserer episodischen Erinnerungen. Sie verleihen den Narrativen, in die wir unsere Biographie fassen, Leben. Dementsprechend können auch die dynamischen Vitalitätsformen als Pfad dienen, auf dem die Psychotherapie Zugang zu nicht-bewussten früheren Erfahrungen einschließlich Erinnerungen, dissoziierten Erlebnissen, phänomenalen Erfahrungen, impliziten, nie in Worte gefassten früheren Erfahrungen und insbesondere zum »impliziten Beziehungswissen« – unserem impliziten Wissen um das »Zusammensein-Mit« einem spezifischen Anderen – findet (Stern, 1985; Lyons-Ruth, 1998; Boston Change Process Study Group, 2002). Vitalitätsformen sind Teil aller Erfahrungen, die wir gemacht haben. Deshalb kann das psychotherapeutische Gespräch sie aufgreifen, um die Erinnerung an frühere Erlebensweisen zu wecken (siehe 7. Kapitel). Auch Gestalttherapien und andere psycho-

therapeutische Methoden verfahren auf diese Weise, ohne indes speziell auf dynamische Aspekte zu fokussieren oder explizit festzuhalten, dass diese einen wichtigen Beitrag zur Erschließung der Vergangenheit leisten. Eine mikrodynamische Anekdote aus dem täglichen Leben mag als Beispiel dienen:

Ein Mann sitzt im Schaukelstuhl auf der Veranda. Abgesehen von einem sachten Vor-und-Zurückschaukeln rührt er sich nicht. Er denkt über den Besuch seiner Tochter nach, die sich soeben von ihm verabschiedet hat. Der Reihe nach tauchen Gedanken in ihm auf, manche stellen sich sprunghaft ein, andere treten langsam an die Oberfläche: wie sie aussah, dass er sich bei ihrem Anblick gut fühlte, aber war nicht im Untergrund auch eine Traurigkeit spürbar? Emphatisch: »Ja!« War sie drauf und dran, etwas zu sagen? Und doch war sein Lachen in ihrer Gegenwart befreiter. An diesem Punkt huscht ein leises Lächeln über sein Gesicht, verschwindet wieder … und aus der Erinnerung taucht ein Lied auf: »The sunshine girl has tear drops in her eyes.« Er deutet nichts.

Jeder Gedanke und das mit ihm einhergehende Gefühl hat seinen eigenen, unverwechselbaren Auftritt auf der »Bühne seines Geistes«. Darunter sind Gedanken, die plötzlich präsent sind, wie ein blitzartiger Überfall. Andere stehlen sich still auf die Bühne. Jeder hat seine eigene Kontur – der eine zeigt sich kurz und verschwindet wieder, andere drängen sich abwechselnd in den Vordergrund, weichen zurück und treten abermals hervor, wieder andere bauen sich akzelerierend auf, und manche brechen wuchtig herein, um sich dann irgendwie zu verlaufen. Jeder Gedanke hat seine eigene Dauer und seine eigene Art, zu entschwinden und dem nächsten Platz zu machen.

Der Gedankengang des Mannes bricht unvermittelt ab, als plötzlich die Präsenz eines Baumes auf dem Rasen sein Bewusstsein ausfüllt. Die Blätter wiegen sich in einer leisen Brise. Ein neuer Gegenwartsmoment taucht vor ihm auf, ohne doch Besitz von ihm zu ergreifen. Der Moment entgleitet ihm und wird nicht länger wahrgenommen. Scheinbar gedankenlos und ohne von der Welt um sich herum Notiz zu nehmen, bleibt der Mann sitzen, aber sein allgemeines Gefühl vertieft sich, wurzelt sich tiefer ein. Die Amplitude des Vor-und-Zurückschaukelns wird kleiner, mithin beschleunigt sich der Rhythmus, dann steht der Stuhl still. Die Atmung des Mannes ist nun die einzige

Bewegung. Ein Gefühl springt ihm ins Bewusstsein und breitet sich aus – ein Gefühl, dass etwas nicht in Ordnung ist, ein Gefühl der Unruhe. Es verstärkt sich zunächst langsam und dann immer schneller. Auf seinem Höhepunkt spannt er plötzlich die Muskeln an, bereit, aus dem Stuhl aufzuspringen und zum Telefon zu eilen. Doch das Gefühl weicht zurück in den Hintergrund, zuerst ganz rasch, dann langsamer. Er sackt in sich zusammen. Je weiter das Gefühl zurückweicht, desto trauriger, ja sogar bitterer wird es. Er lässt sich in den Stuhl zurücksinken.

Um den in diesem Kapitel eingenommenen Blickwinkel nachzuvollziehen, sollte der Leser die neugierigen Fragen, die sich ihm nun aufdrängen, einen Moment lang hintanstellen. Lassen Sie Fragen wie die folgenden außer Acht: Was hat die Tochter nicht gesagt? Was ging seiner Meinung nach in ihr vor? Warum reagierte er nicht, solange sie noch bei ihm war? Was wollte er ihr am Telefon sagen? Ist diese Interaktion charakteristisch dafür, wie die beiden mit unausgesprochenen Dingen umgehen? Ist es ein Muster, das sich zwischen Vater und Tochter oder in der ganzen Familie regelmäßig wiederholt? Welche historischen Ereignisse haben diese Muster geprägt? Und viele andere, ähnliche Fragen.

Stattdessen möchte ich den Leser anregen, sich Fragen anderer Art vorzulegen. Wie fühlt es sich an und was bedeutet es, wenn ein Gedanke über einen »hereinbricht«, »aufscheint«, »sich nach und nach entwickelt« oder einen »blitzartig überfällt«? Was bedeutet es und wie fühlt es sich an, wenn sich »ein Gefühl des Bewusstseins bemächtigt und sich ausbreitet« oder »sich vertieft, sich tiefer einwurzelt«? Und was bedeutet es andererseits und wie fühlt es sich an, plötzlich vom Stuhl aufzuspringen? Auf dieses spezifische Beispiel bezogen: Ich hätte den Mann zuerst gebeten, ausführlicher zu beschreiben, wie sich der Impuls, aus dem Stuhl aufzuspringen, und das plötzliche Verschwinden dieses Drangs anfühlten. Ist ihm dieser Verlauf der Vitalitätsdynamik bereits vertraut? Hat er ihn früher schon erlebt, und wenn ja, wann? Solche Überlegungen können ihn auf spätere Fragen nach dem Inhalt des Narrativs besser vorbereiten. Fragen, die das dynamische Erleben von Vitalität ins Zentrum rücken, bahnen einen Weg zu klinisch relevantem Material, den ich im 7. Kapitel ausführlicher beschreibe.

2. Wie können wir Empathie, Mitgefühl und Identifizierung erleben, ohne die Bewegungsmerkmale des Menschen, mit dem man mitfühlt oder sich identifiziert, irgendwie zu erfassen? Mit den Spiegelneuronen lässt sich das »Was« eines Aktes (seine Zielgerichtetheit) zufriedenstellend erklären. Darüber hinaus können andere Mechanismen wie zum Beispiel die Intentionserkennung helfen, das »Warum« eines Aktes, die Absicht und das Ziel, zu erklären (Ruby und Decety, 2001). Damit aber Identifizierung auf originalgetreuer Nachahmung beruht, benötigt man auch das »Wie« – die »Handschrift der dynamischen Bewegung« des Anderen, ihre Vitalitätsform.[2]
3. Eine weitere Frage knüpft daran an: Wie kann ich einen anderen, mir vertrauten Menschen wiedererkennen, ohne ihn im Blickfeld zu haben? Jeder Mensch hat eine Bewegungssignatur. Wir können andere sogar aus größerer Distanz von hinten an ihrem Gang erkennen (Loula et al., 2005). Das periphere Sehen ermöglicht uns, mindestens zwei separate, verschiedenartige und unterschiedlich schnell ablaufende Aktionen gleichzeitig im Blick zu behalten – die eine im linken, die andere im rechten Gesichtsfeld (Paxton, 2008). Dass sich Jazzmusiker in einem Improvisationsensemble im Takt mit ihren Mitspielern bewegen und ihre Musik ineinanderfließen lassen können, hängt ebenfalls damit zusammen (Keller, 2008).
   In Gruppen, in denen sich alle Beteiligten bewegen, etwa bei der Jagd oder bei verschiedenen Sportarten, ist man im Vorteil, wenn man einzelne Personen, die man aus dem Augenwinkel sieht, an ihrer Bewegungsdynamik identifizieren kann. Wir sind auf den fokalen Anblick, der zur Erkennung des Gesichts oder der Körpergestalt notwendig ist, nicht angewiesen. Dies verschafft uns einen Anpassungsvorteil.
4. Dynamische Vitalitätsformen erleichtern uns die Anpassung an neu auftauchende Situationen. Wenn wir jedes dynamische Element einzeln verarbeiten müssten (Tempo, Intensität, zeitliche Kontur und so weiter), würde es uns erhebliche Mühen kosten, die Fragmente zu integrieren, und der Prozess wäre ineffizient. Optimale Anpassungsprozesse setzen voraus, dass die zahlreichen dynamischen Elemente zu einer Gestalt integriert werden, die zwischen die Stimuli und das subjektive Erleben, an dem wir unser Handeln orientieren, gescho-

---

[2] Hobson und Lee (1999) erläutern den Unterschied zwischen »Wie« und »Was« an einem Beispiel.

ben wird. Diese Gestalt ist die dynamische Form der Vitalität. In vergleichbarer Weise gehen wir über einzelne Phoneme hinweg, um das Wort zu erfassen, oder über einzelne Wörter, um den Sinn einer Formulierung zu begreifen; und auch die Evaluationsprüfungen, die wir vornehmen, um eine Emotion zu beurteilen, bleiben außerhalb unseres Gewahrseins (siehe unten).

Sodann müssen wir fragen: Wie gelangen wir von einer allgemeinen Aktivitätskategorie (Laufen, Lächeln) zu dem typischen Gang eines bestimmten Menschen oder dem Lächeln, das die Signatur seiner unverwechselbaren Vitalität trägt? Wir wissen heute, dass viele Aktivitätskategorien, die wir in der Vergangenheit als relativ fixierte motorische Muster oder als Repräsentationen oder Schemata verstanden haben – beispielsweise das Greifen nach einem Gegenstand –, keineswegs derart fixiert sind. Thelen und Smith (1994) haben das Greifen beim Säugling untersucht und nachgewiesen, dass die Geste durch lose koordinierte Kräfte, Tempi, Orientierungen der Hand, Extensionen der Gliedmaßen und durch Muskelgruppierungen zustande kommt, die der lokalen Situation im Moment des Greifens exakt angepasst sind. Diese lose Koordination – »soft assembly« – ermöglicht ein »Greifen in der echten Welt«, kein abstraktes Greifen, wie es die Sprache nahelegt. Das heißt auch, dass es hunderte verschiedener Greifakte gibt. Und Gleiches gilt für die Formen der Vitalität. Sie sind an der Übersetzung vom Allgemeinen ins Spezifische beteiligt und dem in ununterbrochener Bewegung befindlichen Prozess von Anpassung und Agieren inhärent. Die Vitalitätsdynamik ist somit entscheidend für die Anpassung eines lebenden Organismus an die Welt, die ihm begegnet.

Die Erkundung des Bereichs der Vitalitätsdynamik lenkt das Interesse auch auf neurowissenschaftliche Fragen, die bislang offen geblieben sind.

1. Wir verfügen über gute Beschreibungen zahlreicher Gestalten, emergenter Eigenschaften und weiterer holistischer Vorgänge, doch uns fehlen nach wie vor detailliertere Kenntnisse darüber, wie sie gebildet werden und welche Struktur ihnen zugrunde liegt.
2. Wo sind dynamische Erfahrungen im Gehirn lokalisiert, genauer: Wo entstehen sie? Sie können nicht aus einer bestimmten Modalität oder aus einem spezifischen Bereich wie etwa der Kognition, Emo-

tion oder Aktion hervorgehen. Sie müssen sich an zahlreichen Orten im gesamten Gehirn herausbilden, doch wie werden sie zu einem Ganzen integriert? Damit hängen auch verschiedene Formen des »Bindungs«problems und die Frage der Multisensorik zusammen, die zumal für distinkte holistische Erfahrungen relevant ist.

3. Wie und wo verarbeitet das Gehirn die Geschwindigkeit oder Frequenz von Veränderung? Noch schwieriger ist die Frage, wie eine progressive Veränderung der Frequenz verarbeitet und repräsentiert wird (zum Beispiel eine Beschleunigung). Eine exponentielle Frequenzveränderung kann allemal faszinierend, aufregend und erinnernswert sein.
4. Wie werden relative Intensitätsniveaus in unterschiedlichen Modalitäten fixiert und skaliert? Und weiter: Wie werden unterschiedliche Intensitätsniveaus in unterschiedlichen Modalitäten miteinander verglichen?
5. Wie werden unterschiedliche Rhythmen verarbeitet? Wie ermöglicht das Gehirn dem Geist, sich für Polyrhythmik oder für Synrhythmik zu öffnen?
6. Wie werden unterschiedliche Zeit- und Intensitätskonturen verarbeitet und repräsentiert – und wo? Wie groß ist das Repertoire an dynamischen Erfahrungen, mit dem das Gehirn umgehen und das es repräsentieren kann (das heißt, wie viele Formen der Vitalität kann es verarbeiten)?
7. Wird sich herausstellen, dass die Multisensorik nicht nur auf der Ebene einzelner Neuronen ungeachtet der anatomischen Region, in der sie lokalisiert sind, die Regel ist (Stein und Stanford, 2008), sondern auch auf höheren Organisationsebenen? Werden wir die funktionelle Anatomie des Gehirns radikal umschreiben müssen (Ghazanfar und Schroeder, 2006), und wenn ja: Welche Konsequenzen hätte dies für die Psychologie?

Dieses Buch besteht aus drei Teilen. Der erste Teil dient zur Einführung und baut den Hintergrund auf. In diesem einleitenden 1. Kapitel habe ich die dynamischen Formen der Vitalität im Überblick beschrieben. Im 2. Kapitel werden die Vitalitätsformen eingehender untersucht und in einen konzeptuellen Rahmen eingeordnet. Im 3. Kapitel gebe ich eine kurze Übersicht über einzelne Versuche der Psychologie und der Verhaltensforschung, die dynamischen Formen der Vitalität zu verstehen.

Im zweiten Teil des Buches skizziere ich eine neurowissenschaftliche Grundlage der Vitalitätsformen und erläutere, dass die zeitgestützten Künste auf diese Formen angewiesen sind und wie sie sich ihrer bedienen. Das 4. Kapitel postuliert, dass die Arousalsysteme[3] bei der Erzeugung dynamischer Vitalitätsformen eine ausschlaggebende Rolle spielen. Vorgestellt werden die neurowissenschaftlichen Erkenntnisse über die Arousalsysteme, die für diese Überlegungen sprechen. Das 5. Kapitel geht der Frage nach, wie verschiedene Künste, nämlich Musik, Tanz, Theater und Film, mit Formen der Vitalität arbeiten und sie als Basis für Kooperationen nutzen.

Der dritte Teil ist den Implikationen der Vitalitätsformen für die Entwicklungspsychologie und die klinische Arbeit gewidmet. Im 6. Kapitel untersuche ich, wann das Erleben einer dynamischen Vitalität im Laufe der sehr frühen Entwicklung auftaucht, und erforsche den zentralen Stellenwert, der dem Arousal zu Beginn des Lebens zukommt. Und schließlich wende ich mich im 7. Kapitel einigen theoretischen und praktischen Konsequenzen zu, die die dynamischen Vitalitätsformen für die psychotherapeutische Behandlung erwachsener Patienten mit sich bringen.

Diese Untersuchung soll den Bereich der dynamischen Vitalitätsformen präziser bestimmen, gründlicher erforschen und seine breite Relevanz illustrieren. Ein solches deskriptives Vorgehen erleichtert es möglichweise, die dynamische Dimension unter psychologischem, neurowissenschaftlichem und phänomenologischem Blickwinkel zu untersuchen; es mag außerdem dazu beitragen, einige unserer Vorstellungen über die Emotionen, die Struktur des Gedächtnisses, die soziale Kommunikation sowie die psychotherapeutische Theorie und Praxis zu überdenken.

---

[3] Zum Begriff »Arousal« siehe S. 77ff. [A. d. Ü.]

2. Kapitel

Die Beschaffenheit dynamischer Vitalitätsformen und ihr theoretischer Rahmen

Dieses Kapitel untersucht die Grundkonzepte, die für die Formen der Vitalität wesentlich sind, nämlich das Primat der Bewegung, die Art der daran beteiligten Kräfte, die zeitliche Konturierung von Bewegungen, Raum und Gerichtetheit/Intentionalität, die emergente Eigenschaft der Lebendigkeit, die Abtrennung der Form vom Inhalt und die Unterscheidung zwischen Vitalitätsformen einerseits und Emotionen und Sensationen andererseits.

Die primäre Bedeutung der Bewegung für die Erzeugung von Vitalitätsformen

Weil dynamische Erfahrungen durch bewegliche Kräfte erzeugt werden, ist die Bewegung von entscheidendem Stellenwert. Bewegung ist unsere primitivste und grundlegendste Erfahrung. Viele Denker vertreten seit langem die Ansicht, dass sie nicht nur am Anfang der belebten Evolution und der Entwicklung steht, sondern dass ihr lebenslang ein Erfahrungsprimat zukommt.

Im Laufe der Evolution gingen Annäherung und Rückzug aus der allgemeinen Bewegungsfähigkeit hervor. Später differenzierten sich aus Annäherungs- und Rückzugsverhalten die unterschiedlichen Emotionen heraus. Auf dieser Bewegungsgrundlage entwickelten sich Körpervorstellungen und schließlich die Sprache (Panksepp, 1998). Die Philosophin Maxine Sheets-Johnstone (1999) hat ein Buch mit dem Titel *The Primacy of Movement* verfasst, in dem sie ebenfalls die Ansicht vertritt, dass Bewegung den Beginn sowohl der Phylogenese als auch der Ontogenese markiert. Susanne K. Langer (1953, 1969-72) beschreibt die Bewegung als Grundlage des Fühlens. Lakoff und Johnson (1980, 1999) sowie McNeil (2005) weisen ihr eine fundamentale Bedeutung für das Denken und die Sprache zu. Gallese und Lakoff (2005) vertreten die Ansicht, dass Bilder, Vorstellungen und die Sprache an sich durch die integrative Aktivität des sensomotorischen Kortex erzeugt werden. Edmund Husserl (1922, 1928) betrachtete die Bewegung unter philosophischem Blickwinkel als Mutter der Kognition. In ähnlicher Weise erklärte Michael Polanyi (1962), dass Gedanken aus dem Körpererleben erwachsen, aus dem stillschweigenden, im Körper eingebetteten Wissen. Und Einstein sagte, dass mathematisches Denken in seinem Fall mit der Wahrnehmung körperlicher Bewegungen einhergehe.

Bewegung ist praktisch allgegenwärtig. Wenn wir Musik hören, erleben wir »sound in motion« – »Klang in Bewegung« (Kurth, 1931). Häufig haben wir das Gefühl, dass Klänge (aus einer gemeinsamen Quelle ertönend) in unterschiedliche Richtungen streben. Wenn wir einen Tanz beobachten, ohne uns selbst zu bewegen, nehmen wir unseren eigenen Körper aufgrund der Aktivität des Spiegelneuronensystems in virtueller Bewegung wahr (siehe 6. Kapitel). Wenn wir Sprache hören oder lesen oder unserer Vorstellungskraft freien Lauf lassen, können wir virtuelle Welten von Kräften in Bewegung erleben.

Der Geist ist tatsächlich verkörpert, und der Bewegung kommt eine Schlüsselrolle zu. Doch wir können Bewegung nicht wirklich verstehen, ohne zu wissen, wie sie eingesetzt wird. Das »Was« und »Warum« einer Bewegung zu kennen reicht nicht aus – wir müssen auch das »Wie« kennen. Das »Wie« erzeugt die Dynamik.

Mich interessiert hier, wie verschiedene Bewegungen mit unterschiedlichen dynamischen Formen wahrgenommen und als Vitalitätsformen erlebt werden. Die Modalität der dynamischen Bewegung ist dabei nicht von Belang. Sie wird vom Emotionssystem, aber auch von anderen Systemen erzeugt. Sie kann aus einer inneren oder einer äußeren Quelle hervorgehen, aus einer Emotion oder Kognition, aus der Natur oder aus der Kunst. Was die Kunst betrifft, so liegt auf der Hand, dass die Vitalitätsdynamik in den zeitgestützten Künsten einen grundlegenden Aspekt der Darbietung bildet. Die Noten eines Musikstücks schreiben auch dynamische Formen vor. Darüber hinaus beruht der Unterschied zwischen einer technisch angemessenen Darbietung und einer aussagekräftigen Interpretation auf der einzigartigen Vitalitätsdynamik, mit der ein großer Künstler das Werk gestaltet und die er dem Publikum vermittelt. Die Wirkmächtigkeit eines Tanzes oder Films wird nicht durch die Handlungslinie an sich konstituiert, sondern durch die Dynamik, mit der die Geschichte in Szene gesetzt wird. Die unterschiedlichen Kunstformen könnten ohne Vitalitätsdynamik niemals miteinander sprechen und kooperieren. Sie ist ihr »Esperanto«. Ich werde diesen Aspekt im 5. Kapitel erneut aufgreifen.

Mentale Bewegung

Dynamische Formen der Vitalität schließen mentale Bewegung und körperliche Aktion ein. Doch was ist eine »mentale Bewegung«? Wenn wir an etwas Bestimmtes denken oder eine Emotion oder eine körperliche Sensation empfinden, ist unser mentales Erleben nicht statisch. Vielmehr können wir einen Gedanken subjektiv so erleben, als ob er auf die Bühne unseres Geistes stürme und sich dort ausbreite oder als ob er sich ganz still für einen Moment zu erkennen gebe und sich ebenso diskret wieder zurückziehe. Die Wahrnehmung von Bewegung (körperlicher oder mentaler Bewegung) kommt einer kurzen Reise gleich. Sie beansprucht Zeit. Mentale Bewegung zeichnet, während sie sich vollzieht, ein Profil ihrer in der Zeit ansteigenden und wieder abfallenden Kraft. Ebendies ist ihre dynamische Vitalitätsform.

Mentale Bewegung schließt auch imaginierte Bewegungen ein, beispielsweise die Vorbereitung einer körperlichen Bewegung oder die Herausbildung einer Vorstellung. Franz Brentano (1874) wies darauf hin, dass der Geist ein Wort oder ein Bild »intendieren« (das heißt, zu ergreifen versuchen) kann. Wenn jemand Sie auffordert: »Denk an den Mond«, dann »streckt« sich Ihr Vorstellungsvermögen – subjektiv – nach einem Bild. Intentionen sind mentale Äußerungen zielgerichteter Kräfte, die sich anschicken, ja sogar anstrengen, in Bewegung zu kommen, oder die bereits in Bewegung sind, sich aber noch weiter entfalten. Ebenso wie eine musikalische Phrase zielen sie, subjektiv wahrgenommen, vorwärts.

Zudem wissen wir heute, dass durch die bloße Vorstellung, eine bestimmte Bewegung auszuführen, ein ähnliches Muster der Hirnaktivität erzeugt wird wie durch die Bewegung selbst. Das bedeutet, dass es virtuelle Bewegung gibt (vgl. Jeannerod und Frak, 1999).

Kraft

Die meisten mentalen und körperlichen Bewegungen werden subjektiv so erlebt, als seien sie durch Kräfte verursacht und gesteuert worden. Die verschiedenen Forschungsdisziplinen verwenden für diese Kräfte abweichende Bezeichnungen und Fachtermini. In der Psychologie spricht man im Allgemeinen von »Motiven« und »Intentionen« oder »Absichten«, in der Kognitionspsychologie und in den Neurowissenschaften von anziehend wirkenden »Valenzen«, in der Psychoanalyse von »Strebungen«, »Wünschen« und »Trieben«, in der Ethologie von Auslösereizen oder von der Aktivierung angeborener Auslösemechanismen; die Philosophen sprechen vom »Willen« (Haggard, 2008).

Weil Vitalitätsformen subjektive Phänomene darstellen, resultieren sie aus der Art und Weise, wie der Geist das Erleben von Dynamik aus jedweder (»realer« oder imaginierter) Quelle verarbeitet. Dem Erleben ist eine rückgeschlossene, subjektiv empfundene Kraft inhärent, die so wahrgenommen wird, als agiere sie ununterbrochen »hinter« oder »in« dem Vorgang.

Obwohl wir wissen, dass Bewegung als ein rein physisches Phänomen durch Anatomie, Biochemie und Physiologie zu erklären ist, neigen wir dazu, der menschlichen Bewegung unseren Eindruck und unsere Wahrnehmung von Kraft, Energie, Schwung und Elan zuzuschreiben. Wir lesen diese Eigenschaften in die Aktivitäten anderer Menschen hinein und nehmen sie als Attribute unserer eigenen Aktivitäten wahr. Diese grundlegende Tendenz scheint ein »geistiges Urvermögen« [»mental primitive«] zu sein (ein früher Mechanismus zur Verarbeitung bestimmter Vorgänge), das gleichzeitig neben all unseren so genannten wissenschaftlichen Kenntnissen fortbesteht. Es spielt keine Rolle, ob wir diese Kräfte als Produkte animistischen Denkens bezeichnen oder sie der Alltagspsychologie zuschlagen. Als holistische Vorgänge werden sie aus unserer täglichen psychologischen Welt nicht verschwinden. Die Paarung von Kraft mit Bewegung ist eine nicht-zerlegbare und unmittelbare Erfahrung – sie ist Teil der »fundamentalen dynamischen Pentade« des Erlebens dynamischer Vorgänge.

Die Trennung zwischen Vitalitätsformen und dem sich entfaltenden Inhalt

Vitalitätsformen sind mit einem Inhalt verkoppelt. Präziser ausgedrückt: Sie transportieren einen Inhalt. Vitalitätsformen sind keine leeren Formen. Sie verleihen dem Inhalt eine Zeit- und eine Intensitätskontur und damit die Wirkung einer lebendigen »Darbietung«. Der Inhalt kann eine Emotion sein, eine emotionale Veränderung, ein Gedankenzug, er kann aus körperlichen oder mentalen Bewegungen bestehen, aus einer Erinnerung, einer Phantasie, einer zweckdienlichen Maßnahme, einer Abfolge von Tanzschritten oder einem Bild aus einem Film. Die Vitalitätsdynamik macht aus dem Inhalt eine dynamische Erfahrung. Die Inhalte an sich müssen keiner spezifischen dynamischen Erfahrung entsprechen. Wut kann explosiv durchbrechen oder sich allmählich aufbauen, sie kann sich unbemerkt einschleichen, sie kann sich »kalt« anfühlen und so weiter. Gleiches gilt für die Zufriedenheit und das zufriedene Lächeln. Die Arousalsysteme beliefern den Inhalt mit einem Großteil seiner dynamischen Kraft und Form.

Das inhaltliche Material gibt das Ziel, die spezifischen Verhaltensmuster zur Erreichung des Ziels und die Qualia vor. Doch nur dann, wenn Inhalte mit Aktivierung – Arousal – zusammenkommen, erhalten sie eine dynamische Vitalitätsform. Ihr verdanken sie ihre Anmutung des Fließens und der Lebendigkeit – des Menschlichen.

Vitalitätsformen färben das Erleben des Inhalts und werden ihrerseits vom Inhalt gefärbt. Vitalitätsformen kommen kaum je allein, ohne Inhalt, vor (wenngleich auch dies nicht unmöglich ist). Wir werden in diesem Buch immer wieder auf den Unterschied zwischen der Vitalitätsform einer Erfahrung und dem Inhalt desselben erlebten Vorgangs treffen, auch wenn Vitalitätsform und Inhalt mehr oder weniger stark miteinander verschmelzen können und obwohl es sogar möglich ist, dass die dynamische Vitalitätsform dem Inhalt eine phänomenale Gestalt verleiht.

(Das grundsätzliche Problem Form versus Inhalt hat auf zahlreichen Gebieten eine lange Geschichte. Ich werde es hier nicht aufgreifen, denn dies würde uns vom eigentlichen Thema abbringen.)

Obschon wir die Vitalitätsform häufig mit dem Erleben ihres Inhalts verschmelzen und einen holistischen Vorgang erzeugen, bleiben sie dennoch trennbar. Oft, aber nicht immer, ist es das Erleben des Inhalts (des Gedankens, des Verhaltensakts, der Emotion und so weiter), welches unser menschliches Interesse weckt. Nehmen wir beispielsweise an, dass jemand die Hand nach einem Gegenstand ausstreckt (das zielgerichtete Greifen ist der Inhalt des Verhaltensakts, das »Was«), und zwar sehr ungestüm (die dynamische Form, das »Wie«). Wir können uns auf das Greifen konzentrieren oder auf die Explosivität des Verhaltensakts, oder zuerst auf dieses, dann auf jenes, oder wir können beides miteinander verschmelzen.

Eine reine Vitalitätsform bar jeden Inhalts können wir nur in den ersten Millisekunden nach einer Stimulierung erleben, wenn das Arousalsystem bereits feuert, Emotionen und Kognitionen aber noch keine Zeit hatten, sich zu regen; vielleicht ist es, wie wir im 6. Kapitel sehen werden, auch in den allerersten Lebensphasen möglich.

Doch nicht alle Erfahrungen haben eine wahrgenommene Dauer. Manche vollziehen sich auf der Stelle, andere gehen aus statischen Stimuli wie Gemälden oder Fotos hervor.[4]

Die Schwierigkeit, zwischen Vitalitätsformen und dem wahrgenommenen Inhalt zu trennen, wurde hier bislang noch nicht gelöst; dazu müssen wir weiter ausholen. Sicher ist, dass die Erfahrung im Gehirn multipel enkodiert sein muss, und zwar vermutlich in separaten, aber überlappenden neuronalen Netzwerken. Es muss eine »Inhaltsaufzeichnung« geben, die registriert, was geschieht und in welcher Modalität der Inhalt empfangen

---

[4] Denken wir zum Beispiel an Helligkeit: Sie befinden sich in einem dunklen Zimmer, und plötzlich erstrahlen alle Lampen und tauchen den Raum in strahlendes Licht. Der Stimulus ist ein momentaner, aber es dauert eine Sekunde oder zwei, bevor die Arousalveränderungen sich manifestieren und eine dynamische Form auftauchen lassen. Gleiches gilt für Farbe oder für ein statisches Bild oder Foto. Das Narrativ dessen, was man auf einer statischen visuellen Darstellung sieht, braucht Zeit, um sich herauszubilden. Die Augen müssen über das statische Bild wandern und es aufnehmen. Das nimmt Zeit in Anspruch, und zudem wird diese Augenreise, was die Mikroveränderungen des Arousals anlangt, vermutlich nicht gleichmäßig und stetig erfolgen. Auch statische visuelle Formen, vor allem Farben, implizieren Bewegung. Warme Farben (Rot zum Beispiel) drängen sich vor, kühle Farben (etwa Blau) treten in den Hintergrund. Nebeneinander gesetzt, streben sie in der dritten Dimension auseinander. Paul Klee sagte: »Farbigkeit hat immer etwas Geheimnisvolles an sich, das man nicht gut erfassen kann. Dieses besonders Rätselhafte spricht sich im Geiste aus. Die Farben sind das Irrationalste in der Malerei. Sie haben etwas Suggestives, eine suggestive Kraft« (Petitpierre, 1957, S. 19). Farben sind einer Kraft gleich, die auf den Betrachter einwirkt. Kurven »bewegen« sich fließend und elegant, spitze Winkel hingegen zackig. Vertikale und horizontale Linien »halten« den Betrachter im virtuellen Raum auf eine andere Weise, als es Diagonalen tun, und so weiter (siehe 3. Kapitel, S. 50f.).

wurde, sowie eine zweite Aufzeichnung, die festhält, warum das Wahrgenommene geschehen ist (die Intention), und eine dritte, »dynamische Aufzeichnung« des dynamischen Verlaufs dieses Geschehens. Es muss außerdem separate, aber miteinander zusammenhängende Aufzeichnungen geben, die die Echtzeit und den realen Ort betreffen und die Erfahrung in die persönlich-historische Zeit und den persönlich-historischen Ort einordnen, und weitere mehr. Ich konzentriere mich lediglich auf die Unterscheidung zwischen der Inhaltskodierung und der Kodierung der dynamischen Form.

Nehmen wir an, dem Gehirn (nicht dem Geist/der Psyche) wäre es weniger wichtig, als wir uns normalerweise vorstellen, wie Reize ins Innere hineingelangen und neuronale Schaltkreise aktivieren. Diese neuronalen Schaltkreise sind multisensorisch und so eng miteinander verbunden, dass die ursprüngliche Quelle oder Modalität des Reizes zwar von Belang ist, das weitere Geschehen aber nicht vollständig kontrolliert oder vorgibt. Gleichgültig, ob wir einen Laut hören oder eine Bewegung sehen, wird unser Gehirn diesen Reiz zu einem gewissen Grad wie einen multisensorischen Vorgang behandeln (vgl. Calvert et al., 1999; Pourtois et al., 2000; Ghazanfar und Schroeder, 2006; Zatorre et al., 2007; Karns und Knight, 2009).

Sobald eine Wahrnehmung das Gehirn aktiviert, hinterlässt sie eine Repräsentation der puren Vitalitätsdynamik und eine solche des Inhalts. Die Repräsentation der Dynamik muss das Tempo und seine Veränderungen enkodieren, die Intensität (Kraft) und ihre Veränderungen, die Dauer sowie die zeitlichen Betonungen, den Rhythmus und die Gerichtetheit. Die Inhaltsrepräsentation muss die Modalität des Stimulus enkodieren, also Laut, Anblick, Getast etc., die Qualia der Wahrnehmung (Röte, harmonisch etc.), Zwecke und Ziele sowie die Bedeutung. Ich schlage vor, die beiden Aufzeichnungen als *Repräsentationsstränge* (Strang der Vitalitätsdynamik, Inhalts- und Modalitätsstrang) zu bezeichnen. (Psychologisch gesehen, ist »Stränge« eine Metapher. Neurologisch gesehen, handelt es sich um überlappende neuronale Netze.)

In diesem Buch vertrete ich die Ansicht, dass der Strang der dynamischen Vitalität der grundlegende und primäre ist. Der Inhalts- und Modalitätsstrang muss entlang dieses Strangs oder (sozusagen) um ihn herum enkodiert werden. Der Inhaltsstrang nimmt seine phänomenale Form nur dann an und wird nur dann für uns erkennbar, wenn er sich um den Strang der dynamischen Vitalität herumwindet. Dies ist mehr als lediglich »Verkörperung«.

Ohne den Strang der dynamischen Vitalität wäre die Inhalts- und Modalitätsaufzeichnung digital; der analoge, dynamische Fluss menschlicher Aktivität würde ihr fehlen. Es gäbe kein Fließen, keine Vitalität, keine Lebendigkeit. (Manchmal können wir uns all dies leichter vorstellen, wenn wir an die Metapher der Stränge denken, manchmal, wenn wir uns die neuronalen überlappenden und reentranten Netze vor Augen führen.)

Unterscheidung zwischen Vitalitätsformen und Sensationen

Vitalitätsformen sind modalitätsunspezifisch. Sie gehören keiner bestimmten sensorischen Modalität an, sondern allen Modalitäten (Sehen, Hören, Tastsinn und so weiter). Vorstellbar ist sogar, dass zusätzlich zu den üblicherweise angenommenen fünf Sinnesmodalitäten eine sechste existiert – eine Modalität der »dynamischen Vitalitätsformen«, die die Dauer, das Tempo und die zeitliche Ausbildung der Kraft, die wir in gefühlten Vorgängen wahrnehmen, registriert. Ich vertrete diese Vorstellung nicht, denn sie setzt voraus, dass sich eine amodale Sinnesmodalität zu den übrigen Sinnesmodalitäten hinzugesellt, was nicht viel Sinn macht. Gleichwohl erfasst diese Vorstellung die Situation, und wir werden ihr später erneut begegnen.

Körperliche Sensationen sind traditionell modalitätsspezifisch. Sie haben ihren Ursprung in spezifischen Sinnesorganen und werden an bekannten Orten im Gehirn verarbeitet. Für die Vitalitätsformen gibt es weder ein spezifisches Sinnesorgan, noch können wir sie im Hirn lokalisieren. Sie tauchen in vielen zerebralen Bereichen gleichzeitig auf.

Doch sind Vitalitätsformen wirklich meta-modal? Mit dieser Frage stellt sich das uralte Problem aufs Neue, ob es ein allgemeines Wahrnehmungsvermögen für Qualitäten gibt, die allen Modalitäten gemeinsam sind. Lawrence E. Marks (1978) hat die einschlägige Literatur zusammengefasst. Seine Darstellung reicht von Aristoteles über Galilei bis hin zu modernen Denkern und führt die supra-sensorischen Attribute an, die in diesen philosophischen Quellen jeweils genannt werden. Die Listen enthalten mehrere räumliche Größen (Form, Raum, räumliche Ausdehnung), zeitliche Elemente (vorwiegend die Dauer betreffend) sowie Intensität, Bewegtheit, Ruhe, Anzahl, Einheit, Helligkeit und hedonischer Tonus. Am häufigsten erwähnt werden Intensität (auf allen Listen), zeitliche Eigenschaften und räumliche Merkmale (auf fast allen Listen). Die Attribute, die wir den Vitalitätsformen zuschreiben, entsprechen diesen traditionellen Listen.

Marks fragt auch, ob man supra-modale Formen, die aus entsprechenden Sinnen hervorgehen, als Manifestationen eines allgemeinen, vielleicht »Ur«sinns verstehen kann. Doch was könnte ein solcher Ursinn sein? Eine Möglichkeit, sich dem Problem anzunähern, besteht darin, es unter dem phänomenologischen Blickwinkel zu betrachten. Subjektiv wird offenbar eine »Super-Gestalt« aus Kraft, Bewegung, Zeit, Raum und Intentionalität wahrgenommen, also aus Eigenschaften, die in ihrer Gesamtheit eine dynamische Vitalitätsform auftauchen lassen – ein basales pan-modales Phänomen in Form einer fundamentalen dynamischen Pentade.

Ernst Kurths (1931) Auffassung der Musik als erlebte Bewegungszustände ist hier von Belang. Kurth verstand die harmonischen Entwicklungen als ein »ständiges Einbrechen von Energie in die phänomenale Welt, das als Bewegung empfunden wird« (Hsu, 1966). Ähnliches gilt für die Rhythmen. Für den Tanz und für die »bewegten Bilder« des Films liegt dies auf der Hand (siehe 5. Kapitel). Die grundlegende Rolle der Bewegung für lebendige Organismen wird immer deutlicher erkennbar.

Letzten Endes benötigen wir eine differenzierter ausgearbeitete Kategorisierung oder Typologie all der zahlreichen unterschiedlichen Formen von Vitalität, die in unserem subjektiven Leben in Erscheinung treten. Gut möglich, dass wir neurowissenschaftliche Erkenntnisse, phänomenologische Konzepte und Überlegungen aus der Welt der Künste mit ihrer spezifischen Perspektive auf dynamische Formen und Vitalitätsdynamik zusammenführen müssen, um unsere Untersuchung voranzutreiben.

Unterscheidung zwischen Vitalitätsformen und Emotionen

Vitalitätsformen sind nicht dasselbe wie Emotionen. Die Emotion ist nur einer der möglichen Inhalte, die als dynamische Vitalitätsform erlebt werden können. Normalerweise nehmen wir an, dass den Emotionen mindestens drei Aspekte innewohnen: Erstens eine gefühlte Qualität wie »wütend« oder »Wut«, »freudig« oder »Freude« und so weiter; zweitens charakteristische Aktionstendenzen und spezifische motorische Muster (Gesichtsausdrücke inbegriffen); und drittens die dynamischen Aspekte ihres Auftauchens und ihrer Äußerung. Mit anderen Worten: Was wir gewöhnlich unter einer Emotion verstehen, ist das Zusammenkommen einer (die Kraft und die zeitliche Gestalt vorgebenden) Vitalitätsform mit einer spezifischen Emotion (die die Richtung, das Ziel, die gefühlte Qualität und die Aktionstendenzen vorgibt). Die Verwirrung, die diesbezüglich herrscht, ist gewaltig, denn normalerweise, wenn auch nicht immer, nehmen wir die Qualität und die Aktionstendenzen einer Emotion und die dynamische Vitalitätsform zusammen wahr – als ganzheitliche Erfahrung.[5]

Thompson (1994) charakterisiert diese Situation wie folgt: »Wir bezeichnen diese Reaktionsmerkmale (die Zeit- und Intensitätsmerkmale) als Emotionsdynamik, weil die diskrete Emotion (zum Beispiel Freude) der Reaktion eines Individuums zwar »den Ton vorgeben« kann, die Emotionsdynamik aber (ähnlich wie die dynamischen Zeichen in einer Partitur) die Qualität, Intensität, das Timing und die Modulation maßgeblich beeinflusst und somit die Emotionalität entscheidend färbt« (S. 48).

Wenngleich die Emotionen zu dynamischen Vitalitätsformen herausgebildet werden müssen, um ihren endgültigen Ausdruck zu erhalten, ist die Dynamik kein Attribut, das zu einer spezifischen Emotion gehört. Ich kehre noch einmal zu meinem Beispiel zurück: Wut kann »explodieren«, sich »langsam aufbauen«, sich »anschleichen« oder auch »eiskalt« sein. Diese vier unterschiedlichen Vitalitätsformen bleiben aber nicht exquisit der Wut vorbehalten. Zumeist empfinden wir das Amalgam aus einer Emotion und einer Vitalitätsform so, als wären sie ein einziger Vorgang, obwohl sie in Wirklichkeit aus der Kopplung separater Phänomene resultieren, die sich unterschiedlicher neuronaler Leitungsbahnen bedienen.

Wie dem auch sei – dass Emotionen und emotionale Empfindungen eine dynamische Dimension enthalten, ist unbestritten. Ein umfassendes Konzept der Emotionen kommt ohne physiologisches Arousal und neurologische Aktivierung durch subkortikale Hirnareale nicht aus. Das heißt

---

[5] Was Emotionen [emotions] sind, ist umstritten. Definitionen gibt es viele (vgl. Panksepp, 1998; Frijda und Zeelenberg, 2001), doch wie dem auch sei: Die diskreten Emotionen wurden bislang weit gründlicher erforscht als die dynamischen Eigenschaften unseres Erlebens. Statt die Vitalitätsformen einer übergroßen Kategorie der »Emotion« zuzuordnen, wie es die meisten Denker getan haben, plädiere ich für die Etablierung eines Forschungsfeldes, das sich den Gefühlen [feelings] im weitesten Sinn des Wortes widmet. Dazu gehörten folglich auch affektive Gefühle [affective feelings] und Hintergrundgefühle [background feelings] sowie dynamische Vitalitätsformen. Weitere sind vorstellbar.

natürlich auch, dass Emotionen zwangsläufig dynamisch geäußert werden. Aber Emotionen sind keine Vitalitätsformen.

Als ein an andere Menschen gerichtetes Kommunikationselement bliebe zum Beispiel ein Lächeln oder ein Blecken der Zähne bar jeder Vitalitätsform lediglich ein konventionelles Zeichen. Es wäre kein echter kommunikativer Akt, lebendig und auf den Moment zugeschnitten, denn ihm fehlte die charakteristische Signatur, die es durch seine Stärke und seine nuancierte Entfaltung in der Zeit enthält. Es wäre nicht »verkörpert« im umfänglichen Sinn dieses Begriffs. Kurz, Vitalitätsformen unterscheiden sich von den Emotionen nach ihrem Wesen, nach der Art, wie sie sich anfühlen, nach ihrer Unspezifität, ihrer Omnipräsenz und ihrer Neurobiologie.

Organisationsebenen des Konzepts der »Vitalitätsformen«

Wie reorganisieren wir einzelne Wissensfragmente so, dass sie zu holistischen Wahrnehmungen werden? Bildlich gesprochen: Die reduktiven Wissenschaften zerlegen mitunter Uhren, um besser zu verstehen, wie das Uhrwerk funktioniert; anschließend aber gelingt es ihnen nicht, sie wieder richtig zusammenzusetzen. Welche Fragen fallen uns dazu ein?

Eine extreme Position besagt, dass wir unsere Weltwahrnehmungen, wann immer dies nötig wird, zusammensetzen, indem wir all die unterschiedlichen Bruchstücke unseres Wissens miteinander verbinden und zu einem Ganzen formen. (Demgemäß erkennen wir zum Beispiel ein uns vertrautes Gesicht wieder, indem wir die zahlreichen Einzelelemente, aus denen es besteht, zusammenfügen.) Auf die Spitze getrieben, wäre dies ein konstruktivistisches Modell.

Für das andere Extrem steht die strikt holistische Auffassung, dass sich manche separaten Wissensbruchstücke von vornherein verbinden und als vorgefertigte Einheit verwendet werden können. Falls es sich tatsächlich so verhält, muss es eine bestimmte Form der Präkonstruktion von Teilen unserer Welt geben, die wir direkt als einheitliches Ganzes wahrnehmen. Gestaltphänomene funktionieren auf ebendiese Weise: Sie lassen die Illusion eines ganzheitlichen, neuen, größeren, integrierten Musters auftauchen, obwohl in Wirklichkeit nur zwei unverbundene, diskrete Wahrnehmungen zusammengeführt wurden.

Die Denker der Vergangenheit beriefen sich auf Konzepte wie angeborene Ideen und primäre Phantasien (Urphantasien), um verschiedenartige komplexe Verhaltens- und Denkkonstellationen zu erklären.

Der große Vorteil des holistischen Erlebens ist seine Gerichtetheit, die zugleich auch höhere Geschwindigkeit und Effizienz impliziert. Die Nachteile sind ein Verlust an Flexibilität und eine Einbuße, was die Größe der möglichen Muster anlangt.

Wie wäre die Welt beschaffen, wenn wir sie überwiegend holistisch wahrnähmen? Wie komplex können diese Gestalten sein? Wie viele Teile können sie in sich vereinen? Wir wissen es nicht.

Das Konzept der Vitalitätsformen ist eine Art Kompromisslösung. Wir wissen, dass Säuglinge schon am ersten Lebenstag viele Vorgänge gestaltähnlich wahrnehmen. Wenn ein Neugeborenes einen Laut hört, dreht es den Kopf der Quelle zu, um sie in Augenschein zu nehmen und auf diese Weise zwei Muster in Verbindung zu bringen. Ein größeres, komplexeres Wahrnehmungsfeld taucht vor dem Baby auf.

Das Konzept der Vitalitätsformen ist eine Erweiterung des holistischen Denkens. Es besagt, dass vier verschiedene Komponenten unmittelbar zu einem Ganzen integriert werden, zu einer Form der Vitalität. Darüber hinaus bilden solche Vitalitätsformen die Grundlage unserer alltäglichen Begegnungen mit menschlichem Verhalten.[6]

Vitalitätsformen erfüllen zwei weitere Funktionen. Sie vereinen die Elemente, die Lebendigkeit vermitteln und uns spüren lassen, dass unsere Wahrnehmung durch einen lebendigen Menschen hervorgerufen wird, der in unserer realen täglichen Welt existiert – jemand, der sich mit Kraft und zielgerichtet in Zeit und Raum bewegt.

Vitalitätsformen beruhen nicht unmittelbar auf der physikalischen Natur. Dennoch entsprechen sie natürlichen Realitäten, die nicht zwangsläufig unabhängig vom Geist existieren. Dies ist darauf zurückzuführen, dass unser Geist dazu tendiert, dynamische Vorgänge als Vitalitätsformen wahrzunehmen – gleichgültig, ob sie aus der Natur hervorgehen, vom Selbst oder von anderen Menschen erzeugt werden. Der Dialog zwischen äußerer und subjektiver Realität hört nie auf (Merleau-Ponty, 1962).

---

[6] Ich lasse die Frage, welche Rolle das Bewusstsein spielt, hier außer Acht. Damasio (1999) hat den Sprung von der Emotion zum Fühlen – der Bewusstsein sowohl voraussetzt als auch erzeugt – ausführlich beschrieben. Auf manche Vitalitätsformen trifft dies vielleicht zu, aber nicht zwangsläufig auf alle.

3. Kapitel

Überlegungen aus der Psychologie und den Verhaltenswissenschaften, die dem Konzept der dynamischen Vitalitätsformen zugrunde liegen

Psychologie und Verhaltenswissenschaften haben wiederholt versucht, die Vitalitätsformen zu verstehen. Dieses Buch ist ein weiterer Versuch in dieser Richtung. Ich springe zu einem späten Zeitpunkt, zu Beginn des 20. Jahrhunderts, in den Fluss der Forschungsgeschichte hinein. Damals wurden zwei bedeutsame Denkschulen begründet, nämlich die Psychoanalyse und die Phänomenologie. Ich werde sie hier kurz erläutern, weil ihr Einfluss und ihre Einsichten vom ausgehenden 19. Jahrhundert bis hinein ins frühe 21. Jahrhundert reichen. Anschließend wende ich mich der Geschichte seit den 1940er Jahren zu.

Diese in höchstem Maß selektive Darstellung erhebt keinen Anspruch auf Vollständigkeit, sondern folgt schlicht den Einflüssen, die für dieses Buch prägend waren. Weil sie sich zudem möglichst ausschließlich auf diejenigen dynamischen Merkmale subjektiven Erlebens konzentriert, an denen Vitalitätsformen beteiligt sind, werden andere Arbeiten nur am Rande oder gar nicht erörtert.

Die Psychoanalyse spielt eine zentrale Rolle, weil Freud davon ausging, dass eine »psychische Energie« dem psychischen Apparat als Antriebskraft diene. Dies führt uns mitten hinein in die Dynamik des Erlebens. Freud verstand die psychische Energie als eine Art umgewandelte somatische Energie, die sich von der Vitalkraft der älteren vitalistischen Lehre nicht gänzlich unterschied. Nachdem er die psychische Energie postuliert hatte, musste er sich mit den dynamischen, energiegetriebenen Aspekten des Erlebens auseinandersetzen. So sprach er von Kräften – dem »Drängen« der Triebe, von »Strömungen«, von Motivationen, die in verschiedene Richtungen streben, von Kräften, die sich in den Weg stellen, anderen, die blockiert, verschoben oder verdrängt werden, aufs Neue an die Oberfläche treten und so weiter. All diese Beschreibungen sind in der vorherrschenden metaphorischen Sprache der Hydrodynamik gehalten. Manchmal diente dieses hydrodynamische Modell als reine Metapher, bisweilen wurde es reifiziert und im explanatorischen Sinn benutzt.

Die Terminologie der Dynamik wurde zur Währung des psychodynamischen Theoretisierens. Alles drehte sich um Energien und Kräfte. Die Sprache der Abwehrmechanismen, der Konflikte, der Symptombildung und der Triebe war die klinische Sprache der Vitalitätsdynamik. Zumindest metaphorisch erfasste sie, wie sich viele Erfahrungen anfühlen (zum Beispiel das »Aufwallen« von Emotionen). Sie war erfahrungsnah und abstrakt zugleich. Als Metaphorik ist uns diese Sprache erhalten geblieben, zur wissenschaftlichen Erklärung aber genügt sie nicht länger.

Der Rückgang des Interesses an der Psychoanalyse, der in den letzten Jahrzehnten parallel zum Aufschwung der Neurowissenschaften und zur kognitiven Revolution zu verzeichnen war, hat ein partielles Vakuum hinterlassen. Die dynamischen Eigenschaften des Erlebens sind ins Abseits der Forschung geraten. Übrig geblieben sind allein die Metaphern für gefühlte Erfahrung, deren Wert dies aber keinen Abbruch tut.

Eine weitere zentrale Denkschule, die sich an der Wende des 20. Jahrhunderts entwickelte, war die Phänomenologie. Sie versucht zu erklären, wie wir unsere subjektive Welt so, wie sie gelebt wird, nämlich prätheoretisch und präreflexiv, wahrnehmen. Die subjektive, phänomenale Welt ist all das, was sich jetzt, in diesem Moment, auf Ihrer »geistigen Bühne« tummelt. Sie fragt nicht danach, wie die Szene auf die Bühne Ihres Geistes gelangt ist oder warum sie sich dort abspielt oder wann; ebenso wenig fragt sie danach, ob sie in einem objektiven Sinn »real« ist. Diese Schule der

Philosophie ist hier relevant, weil sie sich damit beschäftigt, was subjektives Erleben ist und was es nicht ist. Sie dient als Ausgangspunkt, um nach Vitalitätsformen oder dem Gefühl, lebendig zu sein, zu suchen. William James (1890), Edmund Husserl (1928) und Maurice Merleau-Ponty (1962) sind die Vertreter der Phänomenologie, die auf die vorliegende Arbeit den größten Einfluss ausgeübt haben.

James erklärt, dass das Gefühl von »Aktivität« synonym sei mit dem Gefühl von »Leben im breitesten und vagsten Sinn«. Das Wort »Aktivität« bezeichne keinen vorstellbaren Inhalt, sondern verweise auf das Erleben von Prozess, Behinderung, Streben, Anspannung oder Freisetzung. Er kommt ferner zu dem Schluss, dass diese Prozesse in ständiger Veränderung begriffen sind. Sie operieren unaufhörlich, um ein fluktuierendes Vitalitätsniveau aufrechtzuerhalten. Innerhalb dieses Rahmens ist die Dynamik der Vitalität für das Gefühl, lebendig zu sein, entscheidend. Zugespitzter formuliert: Die dynamischen Aspekte des Erlebens, der vitale Schwung, sind das, was »Lebendigkeit« ausmacht.

Springen wir nun von diesen klassischen Texten in die Mitte des 20. Jahrhunderts. Heinz Werner und seine Mitarbeiter begannen in den vierziger Jahren, eine »sensorisch-tonische Feldtheorie der Wahrnehmung« zu erarbeiten (Werner, 1940; Werner und Wapner, 1949; Werner und Kaplan, 1963). Sie postulierten, dass die verschiedenen Sinne zu Beginn des Lebens undifferenziert seien und eine allgemeinere und primitivere Sensibilität vorherrsche. Transmodale Verschmelzung und Synästhesien (zum Beispiel das Gefühl verschiedenartiger Getastempfindungen beim Hören unterschiedlicher Töne oder das Sehen der Farbe Rot beim Hören des Klangs einer Trompete) sind in der frühen Kindheit nicht nur häufiger als im Erwachsenenleben, sondern sogar die Norm (auf jeden Fall sind diese Verschmelzungen phänomenal »real«). Entwicklungspsychologisch betrachtet, können Wahrnehmungen zwischen den Modalitäten wechseln, sich mischen und verquicken. Erst im späteren Leben werden die unterschiedlichen Modalitäten säuberlich voneinander getrennt.

Viele zeitgenössische Forscher haben die transmodalen Fähigkeiten von Säuglingen und insbesondere Neugeborenen wiederholt nachgewiesen (vgl. Meltzoff und Moore, 1977; Meltzoff und Borton, 1979; Kumgiumutzakis, 1985; Meltzoff und Gopnik, 1993; Kaye und Bower, 1994; Nadel und Butterworth, 1999; Rochat, 1999). Ihre Ergebnisse sprechen zwar für Werners Auffassungen, sind aber kein Beweis. Diese Forschung hat bislang nicht speziell untersucht, welche Rolle die dynamischen Merkmale bei der Nachahmung spielen, obwohl sie an irgendeinem Punkt der Entwicklung ins Spiel kommen müssen.

Werner und seine Mitarbeiter postulierten ferner eine generelle körperliche Reaktion auf Stimuli einschließlich Veränderungen des Muskeltonus und des Arousal- oder Aktivierungsniveaus. Diese globalen Reaktionen bilden in ihrer Gesamtheit das »sensorisch-tonische« dynamische Feld des Erlebens. Beispielsweise wird eine gezackte oder gezahnte Linie mit Wut, Stärke, Elan und Ungeduld assoziiert oder in diesem Sinn wahrgenommen, eine progressiv gekrümmte Linie hingegen mit Freundlichkeit, Anmut und Sanftheit (Lundholm, 1921, zitiert nach Werner und Kaplan, 1963, S. 338). Diese Autoren beschrieben im Wesentlichen Arousalprofile und Vitalitätsformen, ohne diese als solche zu benennen. Sie maßen der Dynamik des Arousals einen wesentlichen Stellenwert für das gefühlte Erleben bei.

Was Werners Annahmen betrifft, so ist eine hochaktuelle Entdeckung der Neurowissenschaftler zu erwähnen. Die Forscher fanden nämlich Hinweise darauf, dass viele Neuronen im gesamten Gehirn multisensorisch sind. Das heißt, sie reagieren nicht nur auf Reize, die einer spezifischen Sinneswahrnehmung entstammen. Solche multisensorischen Neuronen wurden sogar in Hirnbereichen gefunden, von denen man bislang annahm, dass sie nur für eine einzige Sinnesmodalität zuständig sind (Ghazanfar und Schroeder, 2006; Stein und Stanford, 2008). Diese Ergebnisse legen die Vermutung nahe, dass die kortikale Verarbeitung schon früh auch eine multisensorische Integration einschließt. Sie wecken auch Zweifel an der vorherrschenden Auffassung, dass bestimmte Areale des Kortex exklusiv für je eine einzige Sinnesmodalität reserviert seien. Solche Funde könnten die Wissenschaftler zu einem radikalen Überdenken der funktionellen Neuroanatomie veranlassen.

Stein und Stanford (2008) erklären, dass zumindest im Gehirn neugeborener Katzen multisensorische Neuronen existieren, die erst umfangreichere transmodale Erfahrungen machen müssen, bevor sie die verschiedenen Sinne zu integrieren vermögen. In der Entwicklung ist es nicht ungewöhnlich, dass bestimmte Fähigkeiten schon früh operieren und dann wieder verschwinden, um später in umorganisierter Form wiederaufzutauchen. Dies scheint auch für die frühe Nachahmung zu gelten (Maratos, 1973; Kumgiumutzakis, 1985, 1998). Wie sich die multisensorische Integration beim Menschen entwickelt, ist noch unbekannt. Die jüngsten Erkenntnisse stimmen jedenfalls mit Überlegungen überein, die Werner formuliert hat, und könnten zur Klärung der »Multimodalität« dynamischer Vitalitätsformen beitragen.

Werner und Kaplan (1963) gingen noch weiter und brachten diese dynamischen holistischen Reaktionen – von ihnen als »physiognomische Wahrnehmung« bezeichnet – mit dem Auftauchen von Symbolen in Verbindung. Ihre Arbeit war ein Versuch, Symbolbildung und Sprache zur Dynamik des gefühlten Erlebens in Beziehung zu setzen, und überdies ein Schritt, gefühltes Erleben an der Berührungsfläche von Neurowissenschaft und Sprache zu verorten.

Diesen Schritt vollzog auch die Philosophin Susanne K. Langer (1953, 1969-1972), indem sie so genannte »Gefühlsformen« beschrieb. Sie prägte diesen Begriff, um die zahlreichen Gefühle zu bezeichnen, die durch die Musik (und das Leben) geweckt werden, Gefühle wie »verblassend, jauchzend, unbeschwert, brausend«, die weder in die herkömmlichen emotionalen Kategorien passen, noch charakteristisch für eine bestimmte Handlung oder Aktivität sind. Langers Arbeit hat das Grundkonzept der Vitalitätsdynamik schon vor vielen Jahren beeinflusst. Sie verortete Gefühle und deren dynamische Formen genau da, wo sich das Narrative und das Physiologische berühren. Ich vermeide den Begriff »Gefühle« wegen seiner engen Verbindung mit »Emotion« und setze an ebendiese Berührungsstelle die Vitalitätsformen.

Silvan Tomkins (1962, 1995) hat sich mit dem von Werner und Kaplan (1963) sowie von Langer (1953, 1969-1972) untersuchten generellen Problem unter einem anderen Blickwinkel auseinandergesetzt. Er vertrat die Ansicht, dass Zustände des Interesses und der Erregung (Arousalfunktionen) zumindest von den positiven Emotionen zu trennen seien. Die Unterscheidung zwischen Arousal und emotionalem Erleben ist exakt der Punkt, den auch wir hervorheben. Dieser Aspekt von Tomkins Arbeit wird seltener zitiert als seine Überlegungen zu der Vorprogrammiertheit einer Verbindung zwischen spezifischen Stimuli und spezifischen Basisemotionen.

Tomkins Hauptinteresse galt sogar bei seinen Untersuchungen angeborener Fähigkeiten und Eigenschaften der genetisch programmierten Beziehung zwischen Stimulusintensität und -timing zum Arousal und später zur Emotion. Tomkins brachte die Auslösung von Überraschung mit einer spezifischen Intensität und Anstiegsdauer des Arousals in Verbindung. Eine schneller Anstieg der Lautstärke eines Geräusches (eine »physikalische Dynamik«) führt zu einer raschen Beschleunigung und Verdichtung der neuronalen Feuerungsmuster (unserer neuronalen Dynamik), die Überraschung produziert (von Tomkins nicht als eine Vitalitätsform plus Emotion verstanden, sondern als eine spezifische Emotion). Ebendiesen Ablauf hielt er für angeboren.

Tomkins Arbeit misst dem Arousal eine zentrale Bedeutung für das Auftauchen der dynamischen Merkmale des Erlebens bei. Aber er untersucht die mit dem Arousal zusammenhängenden dynamischen Erfahrungen lediglich unter der Rubrik Emotion. Wir hingegen erweitern sie auf beinahe alle Arten des Erlebens.

Vielleicht sind Werner, Langer und Tomkins tatsächlich die Pioniere, die für die moderne Erforschung der dynamischen Anmutung unseres Erlebens Grundlagenarbeit geleistet haben.

Ray Birdwhistell (1970), Al Scheflen (1973) und Adam Kendon (1994) zählen zu den Pionieren auf dem Gebiet der Kinetik, das sich in den 1950er Jahren herausbildete. Ihnen verdanken wir die Konzepte und die Sprache, die wir für die sozialen Akte des Alltagslebens benötigen, die in gewöhnlichen, nicht-experimentellen und nicht-verschriftlichten Settings stattfinden (zum Beispiel für die Aktivitäten am Abendbrottisch und im Haus, für Begrüßungen, Umarmungen, Geburtstagspartys und so weiter). Ihre Arbeit bahnte der mikroanalytischen Beschreibung, die auch dynamische Merkmale einbezieht, den Weg und förderte die gewaltige Vielfalt von Erlebensweisen ans Licht, die in spontanen Interaktionen auftauchen (und zu einem Großteil nicht benennbar sind). Darüber hinaus konnten sie überzeugend belegen, dass jede Beschreibung der nahezu unbegrenzten Ausdrucksnuancen, die im täglichen Leben vorkommen, die dynamischen Merkmale mitberücksichtigen muss. Dies bestätigt, dass die Forschung letztlich auch Vorgängen Rechnung zu tragen hat, die in spontanen, natürlichen Settings auftauchen, selbst wenn der Wert experimenteller Verfahren dadurch geschmälert wird und viele Vorgänge mit Hilfe des gängigen akademischen Lexikons nicht kategorisierbar sind.

Diese Art der freien Beobachtung zeigte, in welchem Umfang solche Äußerungen sozial und kulturell konstruiert sind, und lieferte damit wichtige Informationen für kulturübergreifende Studien. Die Arbeit der Forscher lenkte die Aufmerksamkeit auch auf den Bereich von Bewegung und Aktion, auf Aktivitäten also, die man in der Begeisterung für sprachlich vermittelte psychoanalytische Bedeutungen weitgehend links liegen gelassen hatte.

In den 1970er Jahren setzten sich Ekman, Friesen und ihre Forschergruppe noch einmal kritisch mit Darwins Werk auseinander. Ein ganzes

Jahrhundert war seit dessen Veröffentlichung vergangen. In gewissem Sinn läuteten Ekman und Friesen damit und vor allem durch ihre Studien zur Kodierung von Gesichtsausdrücken (Ekman und Friesen, 1976; 1978) die Epoche der modernen Erforschung emotionaler Ausdrucksformen ein. Ihre Aufgabe bestand ursprünglich darin, die Gesichtsausdrücke der Darwinschen Emotionen systematisch zu beschreiben. Sie konzentrierten sich auf die Bewegungen der Gesichtsmuskulatur als anatomische Grundlage für ein Messungssystem (das Facial Action Coding System [System zur Kodierung von Gesichtsbewegungen], FACS). Indem sie ihr Augenmerk auf die Anatomie richteten, widmeten sie der Dynamik weniger Aufmerksamkeit, waren sich deren ständiger Präsenz aber vollauf bewusst. Der Grund für die Konzentration auf die Anatomie bestand darin, dass auch Darwin ebendiesen Aspekt ins Zentrum seiner Untersuchungen gerückt hatte. Darüber hinaus ist die systematische Erforschung dynamischer Eigenschaften, so die Autoren, ungemein zeitaufwendig und kostspielig. Deshalb erfassten sie mit ihrem Kodierungssystem die einzelnen Bewegungseinheiten der verschiedenen Muskelgruppen, die am Gesichtsausdruck beteiligt sind, und behandelten diese dann wie eine Serie von Fotos, anhand deren sie die anatomischen Veränderungen maßen. Frequenz und Zeitpunkt des Beginns der Veränderung waren alles, was die Forscher benötigten, um Ausdrucksveränderungen auf der anatomischen Ebene zu fixieren. Eine Beschreibung der gesamten Kontur war dafür nicht erforderlich. Die Entscheidung, nicht dynamische, sondern anatomische Formen zu untersuchen, war im Hinblick auf die Erstellung eines Kodierungssystems vollkommen angemessen.

Dies ist aber noch nicht das Ende der Geschichte. Ekman und Friesen (1982) wandten sich auch der Untersuchung dynamischer Merkmale zu. Einer der fünf Aspekte der Gesichtsbewegungen wurde mit Blick auf das Timing gemessen.

> Zeitpunkt des Beginns, Zeitspanne zwischen dem Beginn einer Aktionseinheit und ihrem Höhepunkt, Dauer der höchsten Intensität und ihrer Beendigung, die Spanne zwischen dem Ende des Höhepunkts und dem Verschwinden einer Aktionseinheit – all dies ist messbar. Darüber hinaus kann man erfassen, ob Beginn, Höhepunkt und Endpunkt gleichmäßig oder irregulär verlaufen. Für sämtliche Aktionseinheiten, die einen einzelnen Ausdruck zu konstituieren scheinen, gilt, dass das Timing des Beginns, Höhepunkts und Ausklingens nicht immer dasselbe ist. (S. 242)

Wenn wir diese Parameter in die Sprache der Subjektivität übersetzen, kommen wir einer Beschreibung der dynamischen Vitalitätsformen nahe. Ekman und Friesen belassen es aber bei einem Gerüst und halten nur solche Vorgänge fest, die eine aufsteigende und wieder abfallende Entwicklung, also eine Crescendo-Decrescendo-Bewegung, aufweisen.

Vor diesem Hintergrund demonstrierten sie, dass man zwischen einem falschen und einem echten Lächeln anhand der dynamischen Merkmale unterscheiden kann, nämlich anhand der Dauer (ein falsches Lächeln ist länger als ein echtes), der Zeit bis zum Beginn der Lächelbewegung (entweder kürzer oder länger), der Dauer der stärksten Intensität (übertrieben lang) und der Dauer des Abklingens (allzu rasch und abrupt oder unregelmäßig, nicht fließend).

Der Erfolg des anatomischen Ansatzes und des Kodierungssystems FACS lenkte die weitere Forschung in eine Richtung, bei der die dynamischen, analogen Merkmale entweder ganz auf der Strecke blieben oder nur eine sekundäre Rolle spielten, obwohl Ekman und Friesen selbst die Dynamik der Gesichtsausdrücke in mehreren Studien untersuchten (Ekman und Friesen, 1982; Ekman, Friesen und O'Sullivan, 1988; Ekman, Friesen und Davidson, 1990).

Manfred Clynes, Berufspianist und Psychologe, hat das Forschungsfeld der »Sentik« abgesteckt (Clynes, 1973; Clynes und Nettheim, 1982). Er unterschied unter anderem zwischen den verschiedenen Weisen, wie ein Finger eine Klaviertaste berühren kann und wie die Art der Berührung und der durch sie erzeugte Laut die Emotion des Pianisten und des Zuhörers beeinflussen. Im Grunde beschrieb er etwas sehr Ähnliches wie die Vitalitätsformen, allerdings unter dem Stichwort Emotionen.

Meine eigene Beschäftigung mit den dynamischen Formen der Vitalität begann, als ich Interaktionen zwischen Müttern und ihren Säuglingen beobachtete: Die dynamischen Merkmale des frühen menschlichen Austauschs springen einem ins Auge, weil auf der sprachlichen Ebene wenig passiert, das die Aufmerksamkeit vom Nonverbalen ablenken könnte (Stern, 1971, 1977). In diesem Zusammenhang wurde auch der Begriff »Vitalitätsaffekte« geprägt (Stern, 1985). Wichtig war unter anderem die Beobachtung, was Mütter tun, wenn sie dem Baby zeigen wollen, dass sie seine Gefühle verstehen oder teilen. Dazu ein Beispiel:

Ein zehn Monate altes Mädchen sitzt seiner Mutter gegenüber auf dem Boden. Die Kleine versucht, ein Puzzleteil an den richtigen Platz zu legen. Nach zahlreichen Fehlversuchen hat sie schließlich Erfolg. Daraufhin schaut sie der Mutter freudig ins Gesicht und bricht in begeistertes Entzücken aus. Sie »öffnet das Gesicht« (der Mund öffnet sich, die Augen weiten sich und die Augenbrauen werden gehoben) und nimmt die entsprechenden Bewegungen dann wieder zurück. Die zeitliche Kontur dieser Veränderungen entspricht einem sanften Bogen (Crescendo, Höhepunkt, Decrescendo). Gleichzeitig hebt sie beide Arme und lässt sie wieder fallen. Die Mutter reagiert, indem sie ein »Ja« intoniert, und zwar mit ansteigender und wieder abfallender Tonhöhe, einhergehend mit an- und abschwellender Lautstärke: »JaaAAAaaa.« Dessen prosodische Kontur entspricht exakt der kinetischen Kontur des Gesichtsausdrucks des Kindes. Auch die Dauer stimmt haargenau überein.

Was könnte die Mutter anderes tun, um ihrer Tochter zu vermitteln, dass sie seine Erregung und Freude versteht und teilt? Die Mutter kann nicht lediglich sagen: »Oh ja, ich weiß, wie du empfindest. Ich weiß, wie sich das anfühlt.« Das kleine Mädchen ist schließlich erst zehn Monate alt und würde die Worte nicht verstehen. Denkbar wäre, dass die Mutter das Verhalten der Kleinen nachahmt, ihr eigenes Gesicht »öffnet« und dann, in einer weitgehend originalgetreuen Imitation der kindlichen Mimik, wieder zu einem neutralen Ausdruck zurückkehrt. Dies würde jedoch ein anderes Problem aufwerfen. Das Mädchen würde gewissermaßen zu sich selbst sagen: »Gut, du weißt, was ich, auf der körperlichen Ebene betrachtet, gemacht habe. Aber woher soll ich wissen, dass du weißt, wie sich das, was ich gemacht habe, anfühlt? Du könntest ebenso gut ein Spiegel sein oder ein Marsmensch – woher soll ich wissen, ob du überhaupt eine Seele besitzt?« Die Mutter löste diese potentielle Schwierigkeit, indem sie eine selektive Imitation vornahm, eine »Affektabstimmung«. Sie wechselte in eine andere Modalität (von der gesehenen Aktion zum gehörten Laut), behielt die dynamischen Merkmale aber exakt bei, das heißt, die Vitalitätsform blieb die gleiche. Sie übernahm die Dynamik der Form, nicht jedoch die Modalität. Deshalb verstand das kleine Mädchen, dass seine Mutter es nicht einfach imitierte, sehr wohl aber etwas Ähnliches fühlte, so dass sie ihr Erleben miteinander teilen konnten. Die Übereinstimmung ist eine Übereinstimmung innerer Gefühlszustände, nicht äußerer, beobachtbarer Verhaltensweisen. Ein wechselseitiges Verständnis wurde begründet.

»Affektabstimmung« beruht auf der Anpassung und dem gemeinsamen Teilen dynamischer Vitalitätsformen, die jedoch in unterschiedlichen Modalitäten Ausdruck finden. Häufige Affektabstimmungen ermöglichen es der Mutter, einen Grad an Intersubjektivität herzustellen, der höher ist als bei originalgetreuer Nachahmung. An diesem Punkt meiner Forschungsarbeit interessierten mich in erster Linie die Entwicklung der Intersubjektivität und ihre klinische Rolle in der Entwicklung. Weil uns das Phänomen zum ersten Mal auffiel, als wir Mutter-Kind-Paare beobachteten, wurde meine Aufmerksamkeit für die Parallele zwischen der Vitalitätsdynamik und den »Vital«funktionen der Babys geweckt. Trotzdem habe ich die Vitalitätsdynamik nie auf die Vitalfunktionen zurückgeführt, die im frühen Leben überlebensnotwendig sind. Ihr Ursprung ist ein anderer.

Später habe ich die Vitalitätsdynamik erneut untersucht, allerdings im Kontext der »Gegenwartsmomente« unseres Erleben, des »Jetzt« (Stern, 2004). Das Ergebnis war eine stärkere Betonung der zeitlichen dynamischen Eigenschaften. Ich vertrat die Ansicht, dass dynamische Vorgänge das subjektive Rückgrat des Gefühls bilden, in einem gegenwärtigen Moment zu existieren. Zudem definierte ich Gegenwartsmomente als die Einheit, in der viele verschiedene sequentielle Vorgänge gleichzeitig, wie in einer »Großaufnahme«, bewusst erfasst werden. Auf diese Weise sind dynamische Vorgänge an der Erzeugung von Bewusstsein beteiligt. Diese Veränderungen des Kontextes zogen relativ geringe konzeptuelle Modifizierungen nach sich.

Nun aber signalisiert die Einführung des Begriffs »dynamische Vitalitätsformen« eine konzeptuelle Erweiterung. Vitalitätsformen werden eindeutiger als eine Gestalt, als subjektives Phänomen, verstanden. Zeitliche Kontur und Intensität wurden um Kraft/Stärke, Bewegung, Lebendigkeit, Raum und Inhalt ergänzt. Der Begriff »Vitalitätsformen« ist ein Oberbegriff, der die älteren Termini subsumiert. Er bringt ein globaleres, holistischeres Verständnis zum Ausdruck.

Noch eine begriffliche Erläuterung. Emotionen werden traditionell als *Emotionen oder Affekte* bezeichnet, sofern sie nicht reflexiv bewusst und in der Regel mit der Sprache verknüpft werden: An diesem Punkt werden sie zu *Gefühlen*. Diese Unterscheidung hat Damasio (1999) getroffen. Ich werde hier allerdings nicht auf die Rolle eingehen, die das Bewusstsein für die Vitalitätsformen spielt, denn dies würde zu sehr vom eigentlichen Thema ablenken.

Ich werde den Begriff »Affektabstimmung« weiterhin verwenden. Er bedeutet dasselbe wie »Angleichung der Vitalitätsformen«. Weil »Affektabstimmung« mittlerweile aber geläufig ist, möchte ich es dabei belassen.

Die Intersubjektivität weckt mittlerweile großes Interesse und hat lebhafte Aktivitäten angestoßen; im Mittelpunkt standen dabei ihr Entwicklungsverlauf und ihr Bedeutung für die klinische Praxis (vgl. Trevarthen und Hubley, 1978; Reddy, 1991; Whiten, 1991; Tomasello, Savage-Rumbaugh und Kruger, 1993; Nadel und Butterworth, 1999; Hobson, 2002; Rochat, 2009). Ich verstehe unter Intersubjektivität die Teilhabe am Erleben eines anderen Menschen. Ein solches gemeinsames Erleben kann unterschiedlich stark ausgeprägt sein: vom einseitigen Anteilnehmen (»Ich weiß [oder fühle], dass du weißt [oder fühlst] …) bis zum wechselseitigen (»Ich weiß, dass du weißt, dass ich weiß …«). Darüber hinaus können unterschiedliche Erfahrungen geteilt werden, etwa der Inhalt einer sprachlichen Aussage, Emotionen oder Vitalitätsformen. Das gemeinsame Teilen der Vitalitätsformen ist, entwicklungspsychologisch gesehen, vermutlich der früheste, einfachste und direkteste Weg hinein in das subjektive Erleben eines Anderen.

Drei Forscher, die ich hier stellvertretend für viele andere nennen möchte, haben Antworten auf die Frage formuliert, wie sich Intersubjektivität entwickelt: Colwyn Trevarthen (1998), Andrew Meltzoff (Meltzoff und Gopnik, 1993) und ich selbst (Stern, 1985). Beatrice Beebe hat die subtilen Differenzen detailliert herausgearbeitet (Beebe et al., 2005a). Meltzoff konzentrierte sich vorwiegend auf die Nachahmung, Trevarthen auf die Synchronizität und ich selbst auf die »Affektabstimmung« der dynamischen Formen. Jedem Akt eignen Parameter dieser drei Aspekte: Gestalt (oder Form), Timing und Intensität. Man könnte sagen, dass Meltzoff das Problem vor allem mit Blick auf Gestalt und Ziel untersucht; Trevarthen berücksichtigt primär das Timing, und ich selbst konzentriere mich vorwiegend auf die Abstimmung von Zeit und Intensität. Trotz dieser Unterschiede stimmen alle drei Forscher darin überein, dass die dynamischen Eigenschaften für die Intersubjektivität von zentraler Bedeutung sind; diese Ansicht vertreten im Übrigen auch Bråten (1998, 2007) und weitere Autoren.

Im Konzept der dynamischen Vitalitätsformen fließen vier Denklinien zusammen, nämlich die Intersubjektivität, die Trans- und Meta-Modalität, die dynamischen Eigenschaften des Erlebens und eine phänomenologische Fokussierung auf die Subjektivität.

Thompson (1994) hat die dynamischen Eigenschaften des emotionalen Erlebens unter dem Blickwinkel der »Emotionsregulierung« untersucht. In diesen Kontext bezieht er Intensität, Persistenz, Modulation, Beginn,

Dauer des Anstiegs, Ausprägungsgrad und Dauer des Abklingens mit ein (also die meisten Grundparameter der Vitalitätsformen). Dabei ist jedoch zu berücksichtigen, dass Thompson das allgemeine Arousal untersucht, das er durch die Linse emotionaler Zustände betrachtet. Deshalb kann er von der »Emotionsdynamik« sprechen. Natürlich hängen die qualitativen und die dynamischen Aspekte der Emotionen eng miteinander zusammen: »[…] die subkortikalen und kortikalen Systeme, die das emotionale Arousal beeinflussen, sind wechselseitig miteinander und aufs engste mit anderen neurophysiologischen Systemen verbunden, einschließlich jener, die die Kognition und die vegetative Regulation vermitteln« (S. 30).

Thompson hat die Bedeutsamkeit der Vitalitätsdynamik unterstrichen. Dennoch bleiben zwei Fragen weitgehend unbeantwortet. Entwickeln sich spezifisches und allgemeines Arousal nicht auch außerhalb des emotionalen Erlebens, und wie anders als »dynamische Formen der Vitalität« oder ähnlich sollen wir ein solches Erleben bezeichnen? Zweitens: Können Bewertungsprozesse an der Regulation von Vitalitätsdynamik beteiligt sein, die nichts mit Emotionen zu tun hat? Thompson hält dies ebenso wie wir für möglich.

Antonio Damasio ([1999] 2000) hat »Hintergrundgefühle« und das »Fühlen dessen, was geschieht« beschrieben. Dieses Fühlen betrifft in erster Linie Emotionen und körperliche Sensationen, die aus Veränderungen und Störungen des inneren Zustands von Organismen hervorgehen, einschließlich Veränderungen in der Funktionsweise der glatten Muskulatur sowie der gestreiften Muskulatur des Herzens und Brustkorbs sowie des chemischen Profils des inneren Milieus im Zusammenhang mit Homöostase, Trieben und Motivationen. Damasio schließt auch das Erleben von Dynamik mit ein (zum Beispiel die Beschleunigung oder die Veränderung von scharfer zu unscharfer Fokussierung), doch letztlich hält er diese Veränderungen für einen »integralen Bestandteil« der Emotionen (S. 338). Er versteht die Hintergrundgefühle als Erweiterung von Emotionen oder Sensationen.

Sensationen aus den Eingeweiden, den Muskeln, dem gesamten Körper und aus der Psyche/dem Geist lassen gemeinsam Hintergrundgefühle entstehen, die den jeweils aktuellen inneren Zustand des Organismus vermelden – den »allgemeinen körperlichen Zustand [tone] unseres Seins« (S. 343), sei es Zufriedenheit, Anspannung, leises Unbehagen und so weiter. Diese Wahrnehmungen sind uns zumeist nicht bewusst; falls sie ins Bewusstsein vordringen, werden sie zu *Gefühlen* und können (wenngleich nur annähernd) in Worte gefasst werden. Damasio nennt folgende Beispiele: »Ermüdung, Energie, *Aufregung*, Wohlsein, Krankheit, *Spannung*, *Entspannung*, *Elan*, *Lethargie*, *Stabilität*, *Instabilität*, Gleichgewicht, Ungleichgewicht, Harmonie, Dissonanz« (S. 343; ich habe diejenigen Gefühlszustände durch Kursivierung hervorgehoben, die auch in der Liste der Vitalitätsdynamik eingangs des 1. Kapitels angeführt werden könnten).

Hintergrundgefühle fallen mit der Vitalitätsdynamik in eins. In beiden manifestieren sich laufende Prozesse oder Flüsse; ein »Bruchteil dieses Flusses« kann isoliert und einer besonderen Behandlung zugeführt werden. Es gibt aber auch wichtige Unterschiede. Damasio ordnet die Hintergrundgefühle den Bereichen Emotion und Sensation zu. Ich ordne die Vitalitätsdynamik keinem bestimmten Bereich zu, sondern nehme an, dass sie in sämtlichen Bereichen existiert; das bedeutet auch, dass sie von Emotion und Sensation unabhängig sein kann. Hintergrundgefühle beziehen sich eher auf den aktuellen, allgemeinen Eindruck des Wohlseins und der Veränderungen im inneren Zustand des Systems. Die Vitalitätsdynamik bezieht sich in erster Linie auf die Veränderungen der Kräfte, deren Aktivität während eines Bewegungsvorgangs wahrgenommen wird, und fokussiert somit schärfer auf die dynamischen Eigenschaften des Erlebens, vor allem auf das Fluktuationsprofil von Erregung, Interesse und Lebendigkeit. Hintergrundgefühle beziehen sich auf das »Fühlen dessen, was geschieht«[7]. In der Vitalitätsdynamik drückt sich aus, wie lebendig und vital sich ein Erleben anfühlt. Notwendig ist zweifellos beides. Der Unterschied aber ist wichtig, weil die zugrunde liegenden neuronalen Mechanismen wahrscheinlich nicht dieselben sind.

Auch psychoanalytisch orientierte Denker haben dynamische Formen beschrieben. Geneviève Haags (1991, 2006) Überlegungen zur »Repräsentation von Formen« sind ebenso relevant wie Francis Tustins (1990) Konzept der »autistischen Formen«.

Dass Überlegungen und Beobachtungen aus dem Bereich der Musikwahrnehmung den Themen dieses Buchs nahekommen, war eine Entdeckung, mit der ich nicht gerechnet hatte. Aktuelle Studien haben die Verbindung zwischen musikalischen Parametern und inneren Bildern des physikalischen Raums und der Körperbewegungen untersucht (siehe den

---

7 Damasios Buch *Ich fühle, also bin ich* ([1999] 2000) trägt den englischen Orginaltitel *The Feeling of What Happens*, im Buchtext übersetzt mit »das Fühlen dessen, was geschieht«. [A. d. Ü.]

Forschungsbericht von Eitan und Granot, 2006). Im Mittelpunkt steht folgende Frage: Sind musikalische Veränderungen (der Lautstärke, der Höhenkontur, der Intervalle, der Einschwingzeit, der Artikulation und des Tempos) mit menschlichen Bewegungen im Raum (Art der Bewegung, Richtung, Geschwindigkeit und so weiter) assoziiert? Sie sind es. Ein Crescendo zum Beispiel wird als ein »Näherkommen mit wachsender Geschwindigkeit erlebt; ein Abfall der Tonhöhe als eine nach links unten zielende Annäherungsbewegung; [...] für die Zuhörer sind Tempokurven, die sich von menschlichen Bewegungsprofilen herleiten, musikalischer und ausdrucksstärker als einfache Tempowechsel« (Eitan und Granot, 2006, S. 242). Diese Ergebnisse werden unter dem Stichwort »Intensitätskonturen« und mit Hilfe weiterer amodaler oder pan-modaler Konzepte von Bewegung in Zeit und Raum diskutiert. Letztlich beschreiben auch diese Autoren die Vitalitätsdynamik, wenngleich ihr Ausgangspunkt ein anderer ist.

Auch Studien über die wahrgenommene Interaktion der Musik mit visuellen und kinästhetischen Reizen beim Tanz (Krumhansl und Schenck, 1997) und beim Film (Bolivar, Cohen und Fentress, 1994; Lipscomb und Kendall, 1994) liegen vor. Auf einer Tagung über »Dance, Timing and Musical Gesture«, die im Juni 2008 unter dem Vorsitz von Katie Overy in Edinburgh stattfand, wurde die alte Verflechtung und sogar wechselseitige Ersetzbarkeit deutlich; als aufschlussreiches Beispiel wurde das nordindische »Tihai« erläutert (Walker, 2008).

Vor weniger als zwei Jahrzehnten wurde das System der »Spiegelneuronen« entdeckt (Rizzolatti et al., 1996; Gallese, 2001, 2003). Die Spiegelneuronen sind Teil des präfrontalen motorischen Kortex und feuern – dies die entscheidende Entdeckung – bei demjenigen, der die Durchführung einer zielgerichteten Aktivität beobachtet, mit demselben Muster, wie wenn er die Aktion selbst ausführt. Mit anderen Worten: Der Beobachter erlebt virtuell das Gleiche wie der Akteur. Die Implikationen für das Verständnis von Empathie und Identifizierung, aber auch für unsere Reaktionen auf künstlerische Darbietungen liegen auf der Hand.

Die Forscher stellten außerdem fest, dass die Spiegelneuronen auch auf Stimuli in anderen Modalitäten ansprechen: Wenn jemand ein für eine spezifische Aktion typisches Geräusch, zum Beispiel das Zerreißen eines Stück Papiers, hört, ohne die Aktion jedoch zu sehen, feuern seine motorischen Neuronen so, als würde er selbst ein Stück Papier zerreißen. Darüber hinaus wiesen die Forscher nach, dass die Spiegelneuronen von Probanden, die man bittet, sich eine Aktivität vorzustellen, genauso feuern, als ob sie die Aktion durchführten (Gallese, 2001; Rizzolatti et al., 2001). Die Aktivität der Spiegelneuronen wird vom lokalen Kontext stark beeinflusst. Iacoboni et al. (1999) sind sogar der Ansicht, dass sie logisch mit kontextbedingten motorischen Akten zusammenhängt.

Sind die Spiegelneuronen aber auch für die Bewegungsdynamik relevant, und wenn ja, inwiefern? Hobson und Lee (1999) haben gefragt, ob autistische Kinder den »Stil«, die »Ausdrucksqualität«, imitieren können, mit der eine Aktion durchgeführt wird (das heißt, die Vitalitätsform der Aktion). Dass sie Mittel-Zweck-Aktionen imitieren können, ist bekannt. Die Versuchsleiter gaben vier verschiedene Situationen vor, in denen die Kinder (autistische Kinder und Kontrollprobanden) entweder eine Mittel-Zweck-Aktion oder die exakte Vitalitätsform der betreffenden Aktivität oder aber beides verzögert imitieren konnten. In einer dieser Situationen beobachteten die Kinder zum Beispiel, wie der Versuchsleiter mit einem hölzernen Stöckchen über die gerippte Kante eines Pfeifenständers fuhr. Die Bewegung erzeugte einen Stakkato-Laut. Der Versuchsleiter bewegte das Stöckchen auf zwei verschiedene Weisen (in zwei »Stilen«) über den Pfeifenständer: einmal rasch und kräftig, ein andermal langsamer und leichter. So erzeugte er zwei unterschiedliche Vitalitätsformen. Nach einer Weile gab er den Kindern die beiden Gegenstände, die sie bislang nur hatten sehen und hören können. Die nicht-autistischen Kinder imitierten sowohl die Aktivität als auch ihre exakte dynamische Vitalitätsform. Die autistischen Kinder imitierten Mittel und Zweck der Aktivität, kaum je aber die Vitalitätsform. Die Autoren zogen den Schluss, dass die Imitation des »Stils« ein interpersonales Sich-Einlassen voraussetzt, das bei autistischen Kindern beeinträchtigt ist. Andere experimentelle Aufgaben erbrachten die gleichen Ergebnisse (Hobson [2002] 2003, S. 202f.).

Wie werden Vitalitätsformen vom zentralen Nervensystem registriert und enkodiert? Die Frage kann für jeden spezifischen Bereich separat untersucht werden, sei's für das Hören einer musikalischen Phrase, das Beobachten oder die propriozeptive Wahrnehmung einer körperlichen Bewegung, das Verspüren des Musters eines auf die Haut ausgeübten Drucks und so weiter. Der intermodale Transfer von Vitalitätsformen stellt uns aber vor ein noch faszinierenderes Problem (ein Extrembeispiel sind die Synästhesien). Anatomisch und funktionell unterschiedliche Bereiche des Gehirns müssen sich offenkundig miteinander verständigen und Informationen austauschen. Hobsons Arbeit legt die Vermutung nahe, dass das Gehirn die Aktion oder Aktivität (das »Was«) und den spezifischen Stil (das

»Wie«) ihrer Ausführung voneinander trennen kann. Irgendwie kann es Information über die Vitalitätsform »extrahieren« und in je unterschiedlichen Regionen bearbeiten. Zu klären, wie dies genau geschieht, ist nach wie vor eine neurowissenschaftliche Herausforderung.

Dem gleichen Problem begegnen wir, wenn wir die Rolle des Spiegelneuronensystems untersuchen. Wir wissen, dass die Spiegelneuronen Aktionen als Mittel-Zweck-Operationen zuverlässig verarbeiten. Doch wie verhält es sich mit den Vitalitätsformen dieser Aktionen? Die Vitalitätsformen werfen ein anderes anatomisches Problem auf als Mittel-Zweck-Aktionen, weil die Bewegung eines anderen Menschen auf eine virtuelle Bewegung des Selbst kartiert werden muss.[8]

Bislang haben wir das System der Spiegelneuronen lediglich teilweise verstanden. Könnte ein Teil der Spiegelneuronen, die wir noch nicht kennen, womöglich für die Verarbeitung der dynamischen Vitalitätserfahrungen zuständig sein? Welche Rolle die Spiegelneuronen tatsächlich spielen, bleibt zu klären; wahrscheinlich ist sie größer als ursprünglich angenommen.

Gallese und Lakoff (2005) haben die Frage partiell beantwortet, indem sie den Sachverhalt auf eine andere theoretische Ebene verlagerten. Als Sprungbrett diente ihnen ihre frühere Arbeit (Lakoff und Johnson, 1980, 1999; Gallese, 2003). Die beiden Forscher vertreten die Auffassung, dass

---

8 Auf welcher Organisationsebene könnte die Unterscheidung zwischen »Was« und »Wie« in sich zusammenfallen? Wenn wir klären möchten, ob (normale und autistische) Kinder den Unterschied zwischen einem Akt mitsamt seinem Ziel (das »Was«) einerseits und dem Stil oder der Dynamik seiner Durchführung (das »Wie«) wahrnehmen, können wir ein und denselben Akt (zum Beispiel das Greifen nach einem Gegenstand) in zwei Versionen – einmal schnell, einmal langsam – ausführen. Zumindest auf der Organisationsebene der visuell wahrgenommenen Aktionsmuster scheint es sich um die gleiche Bewegung zu handeln, einerlei, ob sie langsamer oder schneller durchgeführt wird. Auf der neuromuskulären Ebene aber haben wir es mit einer anderen Aktivierung der antagonistischen Muskelgruppen zu tun. Die Gesamtbalance zwischen Aktivierungen und Hemmungen, also das Muster der neuronalen Feuerung, ist jeweils unterschiedlich. Ist das Ergebnis auf der Organisationsebene der neuronalen Feuerung und der Arousalprofile ein anderer Akt – ein anderes »Was«? Anders ausgedrückt: Auf der Ebene des beobachteten Verhaltens (und wahrscheinlich der Vitalitätsdynamik) ist der Unterschied zwischen dem »Was« und dem »Wie« klar. Beim Übergang zur Ebene der neuronalen Feuerungsmuster aber könnte er in sich zusammenfallen. Das »Wie« könnte im »Was« aufgehen.

das sensomotorische System einschließlich der Spiegelneuronen ein phylogenetisch altes System ist. Es besitzt multimodale Fähigkeiten, um Informationen aus den übrigen Modalitäten (Hör-, Gesichts- und Tastsinn) aufnehmen zu können, die es dann mit den ursprünglichen sensorischen und motorischen Funktionen integriert. Es ist also nicht nötig, sich ein »cartesianisches Theater« (Damasio, 1994) im Gehirn vorzustellen, eine Art »dritten Ort« (zum Beispiel ein »Assoziationsareal«), an dem die Information aus den verschiedenen Modulen nochmals durchgegangen und integriert wird. Die Integration erfolgt vielmehr im sensomotorischen System. Diese These weist Ähnlichkeiten mit dem Konzept einer Vitalitätsform auf, die als emergente Eigenschaft oder Gestalt aus unterschiedlichen Quellen hervorgeht. Ein wichtiger Unterschied ist aber festzuhalten: Diese Forscher postulieren, wo diese Emergenz stattfinden könnte. Wie dem auch sei – eine dynamische Repräsentation sämtlicher Stimuli ist die primäre und grundlegende Ebene des Erlebens. Zudem werden diejenigen Reize, die zu Inhalts- und Modalitätsaspekten des Erlebens gehören, der grundlegenden dynamischen Schicht aufgelagert.

Gallese und Lakoff gehen noch einen Schritt weiter: Im Zuge eines »neuronalen Verwertungsprozesses« haben sensomotorische Mechanismen im Laufe der Evolution neue Aufgaben im Zusammenhang mit Vorstellung, Konzeptkonstruktion und Sprache übernommen. Diese These stellt die traditionelle Auffassung, dass Konzepte und Sprache abstrakt, symbolisch, amodal und arbiträr und überdies an einem »dritten Ort« (zum Beispiel in einem Sprachzentrum) versammelt seien, radikal in Frage. Sie steht mit den von Lakoff und Johnson (1999) formulierten Überlegungen in Einklang. Diese Funktionen werden ebenfalls vom sensomotorischen System unterstützt und sind somit »verkörpert«.

Wo aber bleibt in diesen Konzeptualisierungen Platz für die Vitalitätsformen? Gallese und Lakoff (2005) fragen, wie die verschiedenartigen konzeptuellen Beziehungen neuronal realisiert werden. Sie postulieren für zweckgerichtete Aktionen jeglicher Art drei Voraussetzungen, die von drei verschiedenen Neuronengruppen erfüllt werden. Die erste hängt mit dem allgemeinen Zweck der Aktion (Ergreifen, Schieben, Ziehen und so weiter) zusammen. Ein zweiter Cluster spezifiziert die »Art und Weise«, wie die Aktion auszuführen ist (zum Beispiel von Zeigefinger und Daumen, mit der ganzen Hand und so weiter). Genau hier sollte die Vitalitätsdynamik ins Spiel kommen. Aber Vitalitätsformen werden unter »Art und Weise« nicht aufgeführt. Ein dritter Cluster spezifiziert die zeitlichen Phasen, in denen die Aktion abläuft. Diese Sequenzen werden als distinkte Phasen, nicht als analoges Ganzes behandelt.

All diese Erläuterungen beziehen sich auf zweckgerichtete Aktionen, gelten aber auch für die Bilder, die produziert werden, wenn man sich das Verhalten eines Anderen vorstellt. Reale Bewegung und imaginierte Bewegung gehorchen denselben deskriptiven Regeln.

Eine Öffnung, durch welche die Vitalitätsformen ins Spiel kommen könnten, scheint sich abzuzeichnen, wenn Gallese und Lakoff (2005) die »Parameter« beschreiben, die Einfluss auf die motorischen Programme ausüben. Der erste Parameter betrifft das Niveau der Stärke oder Kraft (eine der wichtigsten Eigenschaften der Vitalität). Neuronal wird die Stärke vom Aktivierungsgrad der Neuronen oder von der Anzahl der aktivierten Neuronen bestimmt. Das System funktioniert, so wie Gallese und Lakoff es beschreiben, wie das Wechseln der Gänge in einem Auto. Als Beispiel wählen sie die Gangart der Katze. Wenn die Neuronen mit geringer Frequenz feuern (ein niedriger Wert), stolziert die Katze einher. Wenn die Frequenz einen bestimmten Wert übersteigt, setzt sie sich in Trab. Steigt die Frequenz noch höher, beginnt sie zu galoppieren. Was wir hier sehen, sind diskontinuierliche Veränderungen, die sich in motorischen Programmen abspielen und auf definierten Frequenzschwellen beruhen.

Trotzdem können Katzen auf mancherlei unterschiedliche Weise einherstolzieren; das heißt, es gibt viele mögliche Vitalitätsformen innerhalb des für »Stolzieren« zuständigen Frequenzbereichs. Das oben beschriebene System könnte unterschiedliche Vitalitätsformen innerhalb des Frequenzbereichs »Stolzieren« erklären, zum Beispiel die Vitalitätsform des Beschleunigens (aber nur bis zu dem Punkt, an dem das Stolzieren in den Trab übergeht), des Verlangsamens, einer langsamen Tempozunahme oder einer mäßigen Verlangsamung wie etwa beim »Anschleichen« oder einer explosiven Tempesteigerung mit schnellem Wechsel in den Trab.

Ein weiterer Parameter hängt damit zusammen, ob eine Aktion den jeweiligen Umständen dynamisch und kontextuell angepasst ist. Damit öffnet sich die Tür zum Bereich der Vitalitätsdynamik noch einen Spalt weiter.

Gallese und Lakoff sprechen häufig von der dynamischen Formung [shaping] einer (realen oder imaginierten) Bewegung als Detail, das keiner näheren Erläuterung bedarf. Dies ist keine Kritik. Die Autoren haben sich vorgenommen, die Rolle zu beschreiben, die das senso-motorische System bei einer Vielzahl basaler Geist-Körper-Aufgaben spielt, und das ist ein fürwahr beeindruckendes Projekt. Sie ziehen den Tanz als Beispiel heran und beschreiben die Funktionen der Grundeinheiten des Balletts, der Positionen, Schritte, Sprünge und so weiter, kurz: die Standardschritte einer jeden Trainingseinheit. Wir hingegen beschreiben die dynamischen Variationen dieser subjektiv fühlbaren Grundeinheiten, welche die psychischen »Kräfte« und kreativen Impulse widerspiegeln, die den Aktionen zugrunde liegen.

Beim gegenwärtigen Stand des neurowissenschaftlichen Fortschritts stehen die Vitalitätsformen nicht an erster Stelle der Agenda. Längerfristig aber wird man nicht außer Acht lassen können, dass die exquisite Feinabstimmung interpersonaler Interaktionen ohne Vitalitätsformen ebenso wenig möglich wäre wie kreative künstlerische Interpretationen. Wir würden überdies einen Teil dessen, was uns das Gefühl der Lebendigkeit und Vitalität vermittelt, aus dem Blick verlieren.

Es gibt noch einen weiteren Forschungsschwerpunkt, der im Hinblick auf die zentrale Bedeutung, die den dynamischen Vitalitätsformen für menschliche Interaktionen zukommt, hochinteressant ist. Colwyn Trevarthen hat den Begriff »kommunikative Musikalität« geprägt (Trevarthen, 2000; Trevarthen und Malloch, 2002; Malloch und Trevarthen, 2008a, 2008b). »Musikalität« bezieht sich in diesem Fall nicht auf das, was wir uns normalerweise unter Musik vorstellen, sondern auf das Duett der Bewegungen und Klänge zweier Menschen, die Motive und intentionale Zustände zum Ausdruck bringen – eine Synchronisierung der Verhaltensweisen zweier Personen. Diese Koppelung erfolgt im Millisekunden- und Sekundenbereich. Die Erforschung der Synchronisierung menschlicher Verhaltensweisen ist noch relativ jung.

1967 veröffentlichten Condon und Ogsten einen Artikel, in dem sie die »Interaktionssynchronizität« zweier Erwachsener beschrieben. Mittels der Bild-für-Bild-Analyse eine Videofilms fanden sie heraus, dass Veränderungen in den Bewegungen eines Zuhörers, die innerhalb von Sekundenbruchteilen erfolgten (Beginn einer Bewegung, Beendigung oder Veränderung ihrer Richtung oder ihres Tempos), mit den in Sekundenbruchteilen vollzogenen Veränderungen der von einem Sprecher produzierten Laute synchronisiert waren. Die Bewegungsveränderungen des Zuhörers passten sich den Veränderungen der Phoneme, Silben, Wörter, Betonungen und Rhythmen des Sprechers an. Es war, als beobachtete man die »vibrations« zwischen zwei Menschen.

Condon und Sander (1974) beschrieben später das gleiche Phänomen für Neugeborene, die den Vokalisationen ihrer Mütter lauschten. Diese Beobachtungen sorgten für Aufregung, denn Mechanismen, die eine derart feste Verkoppelung hätten erklären können, waren ebenso wenig zur Hand wie eine entsprechende Theorie. Es zeigte sich auch, dass es schwierig war, die Ergebnisse zu replizieren, und so wurden die Phänomene von der Mainstreamforschung jahrzehntelang nicht beachtet.

Etliche Forscher griffen die Grundannahme gleichwohl auf und führten Bild-für-Bild-Analysen – Mikroanalysen – der »primären Intersubjektivität« zwischen Müttern und Säuglingen durch (Stern, 1971, 1977, 1985; Trevarthen, 1977, 1985; Trevarthen und Hubley, 1978; Beebe, 1982; Beebe et al., 2005b). Sie entdeckten, dass sich in bestimmten Abschnitten der Interaktion, wenngleich nicht durchgängig, tatsächlich eine interaktionale Synchronizität entwickelte. Eine solche Synchronizität war aber kein obligatorischer kontinuierlicher Vorgang.

In den vergangenen Jahren lebte das Interesse an den Phänomenen einhergehend mit der Weiterentwicklung der methodologischen und mathematischen Instrumente (Lee, 2005) wieder auf. In diesem Zusammenhang formulierten Trevarthen und seine Mitarbeiter das Konzept der »kommunikativen Musikalität« als Basis der Sympathie (des *Mit*fühlens, das es von der Empathie, der *Ein*fühlung, zu unterscheiden gilt).

Eine der Überlegungen, die der Intersubjektivität zugrunde liegen, ist die alte philosophische Vorstellung, dass wir mit einem »offenen Geist« zur Welt kommen und andere Menschen als »wie ich« wahrnehmen (Meltzoff und Gopnik, 1993; Bråten, 1998, 2007; Hobson, 2002). Durch kommunikative Musikalität wird das »wie ich« in ein »mit mir« verwandelt. Als Material, aus dem der Geist geschaffen wird, erhält die intersubjektive Matrix größere Bedeutung (das heißt, Geist ist nicht das Produkt der Begegnung eines individuellen Geistes mit der [sozialen] Umwelt als einem anderen, separaten Kontext).

Für unsere Zwecke ist vor allem relevant, dass die kommunikative Musikalität weitgehend auf der Koppelung der Vitalitätsdynamik mehrerer Personen beruht. »Musikalität« wird konstituiert durch Takte, die – im rhythmischen Sinn – durch das Timing, durch ihre Zeitkontur und durch den Einsatz von Kraft in der Zeit zustande kommen. Dies ist das Rückgrat der Vitalitätsdynamik: Basis für das »Zusammensein-mit-einem-Anderen« ist das gemeinsame Teilen des vitalitätsdynamischen Flusses.[9]

---

[9] Mit der kommunikativen Musikalität kommen Elemente hinzu, die nicht an sich dynamisch sind, beispielsweise die Tonhöhe; die Sequenzen von Tonhöhenver-

Mehrere »nonverbale« Therapien mussten sich mit dem, was ich als Vitalitätsformen bezeichne, direkt auseinandersetzen oder sich zumindest sehr nahe an sie heranarbeiten. Dazu zählen beispielsweise die »Fokaltherapie« (Gendlin, 1996), die Gestalttherapie (Perls, Hefferline und Goodman, 1951) und die Arbeit, die zahlreiche andere Gestaltpsychologen in den vergangenen sechzig Jahren geleistet haben, aber auch die psychomotorische Therapie (Pesso und Crandell, 1991) und die Musiktherapie (Wigram, 2004).

Michael Heller (2001) hat einen ausgezeichneten Forschungsbericht über die Entwicklung einer großen Anzahl dieser körperorientierten Therapien verfasst. Berücksichtigt sind die 70er, 80er und 90er Jahre des vergangenen Jahrhunderts und die Tanztherapie, die choreographische Therapie, die Alexander-Technik, die Feldenkrais-Methode, Downings Arbeit mit Säuglingen und Eltern und weitere mehr.

Wir haben davon profitiert, dass sich diese Verfahren der Herausforderungen angenommen haben; insbesondere ihre Fokussierung auf das Fühlen oder die Anmutung, die Art und Weise, wie sich ein bestimmtes Erleben im betreffenden Moment anfühlt, ist für uns hilfreich. Allerdings wird die Vitalitätsdynamik an sich auch von ihnen nicht unmittelbar identifiziert und konzeptualisiert. Eugene Gendlins (1996) Arbeit ist dafür ein aufschlussreiches Beispiel. Der Autor beschreibt eine »gefühlte Wahrnehmung« [»felt sense«], eine »gefühlte Geste« und »gefühlte Veränderungen«. Auf den ersten Blick scheinen diese Phänomene mit der Vitalitätsdynamik in eins zu fallen. In Wirklichkeit aber ist das, was Gendlin unter einer »gefühlten Wahrnehmung« versteht, größer und komplexer als eine dynamische Vitalitätsform. Sie erfasst eine ganze Situation einschließlich der Emotion(en) – unter Umständen sogar sehr vieler Emotionen –, der körperlichen Sensationen, der Bewegungen, des unmittelbaren physikalischen Kontextes, des sozialen Kontextes und so weiter. Die Vitalitätsdynamik ist somit ein wichtiger Teil des Ganzen.

Im Gegensatz zu den genannten Arbeiten versuchen wir, aus dieser Komplexität eines ihrer Elemente – die Vitalitätsformen – herauszupräparieren, das nach unserer Meinung im Licht aktueller Denkansätze gewinnbringend untersucht werden kann. Allerdings steht ein solcher Versuch der durchaus berechtigten Forderung der Gestaltpsychologen gegenüber, dass die »gefühlte Wahrnehmung« des Erlebens nicht zerlegt werden sollte. Das Glei-

---

änderungen hingegen sind sehr wohl dynamisch.

che gilt für die Gestalttherapien. Wir teilen die Auffassung, dass die »gefühlte Wahrnehmung«, wie Gendlin sie beschreibt, als Ganzes respektiert werden muss. Sie gehört einer anderen Komplexitätsebene an. Trotzdem müssen wir aber auch die Elemente selbst, aus denen das Gesamt aufgebaut ist und die zum Teil Gestalten auf niedriger Ebene konstituieren, verstehen. Schließlich steht uns ein ganzes Feld des Wissens über Emotionen, Bewegungen oder körperliche Sensationen offen. Ein solches Wissensfeld, das den holistischen Sichtweisen keinen Abbruch tut, müssen wir auch bezüglich der Vitalitätsdynamik erschließen.

Dank aktueller neurowissenschaftlicher Entdeckungen zeichnet sich ein neues Bild des durchs Stammhirn regulierten Arousals ab. Pfaff (2006) und andere Autoren betonen die Notwendigkeit, das Arousalsystem in den Dialog über das dynamische Vitalitätserleben einzubringen. Das integrative neurowissenschaftliche Modell der »Signifikanzverarbeitung«[10] ist ein aufschlussreiches Beispiel für dieses neu erwachte Interesse am Arousal und seiner Integration mit anderen mentalen Funktionen (Gordon, 2000; Williams, 2006). Diese Forscher haben die Zeit in Form eines »Modells des zeitlichen Kontinuums« eingeführt, das die bekannten Hirnprozesse, die dem Arousal, der Wahrnehmung, den Emotionen, Motivationen und Kognitionen zugrunde liegen, sequentiell auf einer in Millisekunden gemessenen Zeitdimension anordnet. Damit heben sie folgenden Aspekt hervor: »Ein Großteil der Hirnwissenschaften konzentriert sich auf die Lokalisation von Strukturen und Funktionen; effektive neuronale Verarbeitung aber beruht in gleichermaßen hohem, wenn nicht gar höherem Maße auf ihrer zeitlichen Organisation« (Williams, 2006, S. 2).

Eingedenk der zentralen Bedeutung, die dem Arousal und dem Stammhirn für die Vitalitätsformen zukommt, wende ich mich nun den Untersuchungen zu, die auf die Arousalsysteme als neurowissenschaftliche Grundlage für das Auftauchen von Vitalitätsformen verweisen.

---

[10] »Signifikanz wird hier definiert als diejenige Eigenschaft, die einem Stimulus Relevanz im Hinblick auf unsere Kernmotivation, Gefahr zu mindern und Lust zu steigern, verleiht« (Gordon, 2000, S. 1). [A. d. Ü.]

4. Kapitel

Eine mögliche neurowissenschaftliche Grundlage des Konzepts der Vitalitätsformen: die Arousalsysteme

Die Arousalsysteme erzeugen die gefühlte »Kraft« der Vitalitätsdynamik

Wie könnte die neuronale Infrastruktur beschaffen sein, die das Erleben von Vitalitätsformen ermöglicht?

Historisch gesehen, hat die Psychologie mehrere Kandidaten als Erzeuger jener Kräfte innerhalb des mentalen Systems gehandelt, die genügend Stärke, Geschwindigkeit und Flexibilität aufweisen, um einen Vergleich mit den Vitalitätsformen zuzulassen. Doch weder von der »vis vitalis« der vitalistischen Lehre noch von der »psychischen Energie« der Psychoanalyse, den »Trieben«, den »aktivierten Motivationssystemen« oder Emotionen etc. werden die Kriterien erfüllt.

Die Fortschritte der modernen Neurowissenschaften zeigen indes, dass die Arousalsysteme den Bedingungen weitgehend gerecht werden. Das Arousal entspricht den Anforderungen nach einer Antriebskraft des Verhaltens (Tinbergen, 1951; Lorenz, 1981), nach einer Kraft, die Motivationen (Sex, Hunger, Bindung und so weiter) aktiviert, Emotionen weckt, die Aufmerksamkeit schärft, kognitive Prozesse mobilisiert und Bewegung initiiert. Den Motivationszentren selbst ist keine eigene »Kraft« inhärent. Die Kraft, die sie antreibt, entstammt dem Arousalsystem. Kraft und Zeit sind keine Eigenschaften, die aus den Motivationszentren resultieren; zum Beispiel sorgt der Hunger für Merkmale wie Orientierung, selektive Aufmerksamkeit, perzeptuelle Prominenz sowie spezifische Handlungsmuster, die schließlich zur Nahrungsaufnahme führen. Die Kraft oder der Motor hinter diesen Merkmalen aber, die Antriebskraft, die sie in Gang setzt und die Stärke und Dauer ihrer Aktivität reguliert, entstammt weitgehend dem Arousalsystem. Das Gleiche gilt für die Emotionen. Der Neurowissenschaftler Donald Pfaff (2006) erklärt unmissverständlich: »Die eigentliche Grundkraft im Nervensystem ist das Arousal.«

Dass das Arousal unserem Erleben seine Dynamik verleiht, ist längst unumstritten. Darüber hinaus wissen wir seit langem, dass die im Stammhirn lokalisierten Arousalaktivierungssysteme auch an der Veränderung der Arousalgrade (Moruzzi und Magoun, 1949; Lindsley, Bowden und Magoun, 1949) beteiligt sind. Wir möchten ebendieses Gebiet im Lichte jüngerer Entdeckungen aus verschiedenen Forschungsfeldern erneut untersuchen und seine möglichen Implikationen prüfen – in der Hoffnung, Erfahrungen, die mit dem Arousal zusammenhängen, in ein neues Licht zu rücken und den Beitrag, den sie zur Erzeugung von Vitalitätsformen leisten, besser zu verstehen.

Doch was ist Arousal? Wörterbücher und Wissenschaftler sind sich einig. Wenn unser zentrales Nervensystem gereizt wird, bedeutet dies, dass wir körperlich, mental oder emotional »aufgerüttelt« oder »in Bewegung gesetzt« werden, »erregt« oder zur Aktivität »angeregt« werden. Arousal ist Aktivierung, Erregung, Animation. Wissenschaftlich formuliert, ist es ebendie Kraft, die hinter der Initiation, Stärke und Dauer nahezu all unserer Aktivitäten steht (Hebb, 1955; Robbins und Everitt, 1996; Pfaff, 2006; Pfaff und Banavar, 2007; Pfaff und Kieffer, 2008). Folglich umfasst Arousal auch das Abschalten oder Dämpfen dieser Aktivierung, die Beruhigung der Erregung oder die Inaktivierung von Bewegung oder Emotion. Das Arousal bestimmt, wann wir das tun, was wir tun, und es bestimmt, wie dynamisch wir es tun. Dass die Vitalitätsformen seiner Regie gehorchen, ist deshalb gut möglich. Bislang wurde noch nicht erforscht, wie sich Veränderungen – vor allem Mikroveränderungen – des Arousals auf kurzlebige Vitalitätsformen auswirken.

Die Arousalsysteme spielen bei der Bildung unreflektierten dynamischen Erlebens eine ausschlaggebende Rolle. Sie können hochspezifisch und blitzschnell, innerhalb von Millisekunden, eine Vielzahl diskreter Vitalitätsformen aktivieren, die klein und flüchtig oder auch groß und länger andauernd sein können. Ein Arousalsystem ist nicht lediglich eine Art Hauptregler, der das allgemeine Aktivierungsniveau des zentralen Nervensystems (Wachsamkeit, Wachheit, Schlaf) ein- und ausschaltet. Die fünf parallelen Arousalsysteme (plus das allgemeine Arousalsystem) sind derart hoch differenziert, dass sie eine stupende Bandbreite an unterschiedlichen neuronalen Feuerungsmustern erzeugen können. Es ist möglich, dass nur eines der fünf Systeme feuert, ebenso gut aber können auch mehrere gleichzeitig, und zwar in jeder beliebigen Kombination, Aktivierung erzeugen; so ergeben sich vielfältige mögliche Arousalprofile. Und jedes von ihnen erzeugt vermutlich eine andere Vitalitätsform.

Dessen eingedenk wende ich mich nun den für die oben formulierten Überlegungen relevanten aktuellen neurowissenschaftlichen Erkenntnissen über die Arousalsysteme zu.

Arousal ist die »Grundantriebskraft« aller körperlichen und mentalen Aktivität. Können Geist und Psyche nicht auch aus anderen »Kraftquellen« schöpfen? Im Großen und Ganzen lautet die Antwort: »Nein!« (Es gibt biochemische Energiequellen für das Gehirn.) Ohne Unterstützung durch das Arousalsystem könnten wir weder denken noch fühlen, weder wahrnehmen noch willkürliche Bewegungen ausführen. Bei extremer Inaktivierung des Arousals schlafen wir nicht lediglich ein, sondern fallen ins Koma. Hier Donald W. Pfaffs (2006) funktionelle Definition:

> Das »allgemeine Arousal« ist bei einem Tier oder bei einem menschlichen Individuum erhöht, das sensorische Stimuli jedweder Art aufmerksamer wahrnimmt, motorisch aktiver und emotional reaktiver ist. Dies ist eine konkrete Definition der im Nervensystem wirkenden Grundantriebskraft. Zwei Analogien helfen uns zu verstehen, um was es hier geht. Wenn wir nicht über das Arousal des zentralen Nervensystems und das Verhalten sprächen, sondern über die Geophysik des Planeten Erde, dann hätte dieses Buch das Magma zum Thema – den heißen Erdkern, dessen physikalische Verteilung das Magnetfeld des Planeten steuert. Meiner zweiten Analogie liegt das Primat der Zeit zugrunde. Sprächen wir über die Astrophysik des Universums, würde mein Buch vom Urknall handeln. (S. 5)

Dieses mächtige System ist nicht nur ein Regler oder Schalter, der unseren Geist an- und abstellt, sondern ähnelt auch dem Gaspedal in einem Auto: Es funktioniert in jedem Gang und ist so flexibel, dass es (normalerweise) für exakt jenes Maß an Arousal (Aktivierung) sorgt, das zur Erledigung der unmittelbar anstehenden Aufgabe notwendig ist. Dementsprechend kann und muss es möglich sein, dass sich die Arousalquantität von einem Moment zum nächsten, innerhalb eines Bruchsekundenbruchteils, verändert – falls nötig, sogar ganz erheblich, denn das System muss sich unter Umständen blitzschnell auf Gefahren, freudige Überraschungen oder auf Bedürfnisse (zum Beispiel Schlaf) abstimmen können. Es ist allgemein anerkannt, dass Aufgaben am leichtesten bewältigt werden, wenn das Arousalniveau weder allzu hoch (Angst, Panik) noch allzu niedrig (Langeweile, Unaufmerksamkeit und so weiter) ist.

Im Hirnstamm wurden mehrere Arousalsysteme mit unterschiedlichen Ursprungsorten lokalisiert. Jedes dieser Systeme operiert entlang unterschiedlichen Leitungsbahnen mit unterschiedlichen Verteilungen im Gehirn, und jedes benutzt andere Neurotransmitter. Selbstverständlich sind sämtliche Arousalsysteme, evolutionsgeschichtlich betrachtet, in den primitiveren Teilen des Gehirns untergebracht, nämlich im Hirnstamm, der – seiner Funktion entsprechend – auch als retikuläres Aktivierungssystem bezeichnet wird. Ihre Verbindungen mit den höheren Hirnzentren werden heutzutage meistens als »aufsteigendes retikuläres Aktivierungssystem« (ARAS) bezeichnet.

Die Leitungsbahnen des ARAS steigen zum Kortex auf, zu den Zentren, die für Wahrnehmung, Emotion, Bewegung und Kognition zuständig sind, und zu praktisch sämtlichen Hirnarealen, in denen sie die Sensibilität für Stimuli, motorische Aktivität, emotionale Responsivität und kognitive Aktivität steuern. Der Einfluss verläuft aber nicht nur in eine Richtung, also nicht nur von den Arousalzentren im Hirnstamm »hinauf« zu den höheren kortikalen Zentren. Vielmehr üben umgekehrt auch der Kortex und die emotionalen Zentren Einfluss nach »unten«, auf die Arousalsysteme, aus. Es findet also eine wechselseitige Beeinflussung statt, präziser: eine wechselseitige Regulation. Der Einfluss des Arousals – »von unten nach oben« oder »bottom-up« – entscheidet über die Stärke, Dauer, Anstiegszeit und zeitliche Gestalt mentaler Aktion, das heißt, über ihre dynamische Form. Gedanken, Emotionen, Wahrnehmungen und Bewegungen werden durch Arousalprofile auf ähnliche Weise beeinflusst.

Zudem erfolgt eine Beeinflussung in umgekehrter Richtung, also von oben nach unten oder »top-down«. Der vom Kortex und den höheren Zentren ausgehende Input ist für die Stärke, Dauer und Gestalt des Outputs der Arousalsysteme mitverantwortlich. Beide Systeme können auch für sich allein operieren. Es gibt kognitive Operationen, die nicht auf einen (über die Aufrechterhaltung eines gewissen Grades an Wachsamkeit und körperlichem Tonus hinausgehenden) Input seitens der Arousalsysteme angewiesen sind. Darüber hinaus operieren viele Arousalveränderungen unabhängig von Kognitionen und Affekten, zum Beispiel kurze Reaktionen (inneres Aufschrecken, kurzzeitiger Arousalanstieg) oder längere Zyklen von Aktivität und Ruhe.

Die Narration des subjektiven Erlebens muss sich mit der Sequenz der neuronalen Vorgänge keineswegs decken. Denken wir an das bekannte Beispiel: Mitten in den Wäldern stehen wir plötzlich einem wilden Bären gegenüber. Zuerst durchfährt uns ob des unerwarteten Anblicks ein Schreck, dann wenden wir uns zur Flucht, und erst später begreifen wir, dass wir tatsächlich einen Bären gesehen haben. Das bedeutet, dass der visuelle Kortex (ohne »wirklich« zu sehen) den Stimulus »sah«, während dieser auf seinem Weg zum Hirnstamm ins Hirn eindrang. Erkannt wurde der Reiz nur in dem Sinne, dass die Arousalsysteme die zu ergreifenden Maßnahmen beschlossen. Der Stimulus wanderte zwar durch das Hirn, aber sozusagen unter Umgehung des Geistes. Er drang nicht ins Bewusstsein vor. Erst nachdem die Arousalsysteme ein Signal hinauf an den Kortex gesendet hatten, konnten wir den Bären phänomenal sehen. Wie Zajonc (1980) es formuliert: »Präferenzen benötigen keine Inferenzen.« Diese Überlegungen werden wichtig, wenn wir das introspektive Erleben in der ersten Person mit objektiven Beschreibungen in der dritten Person zur Deckung bringen.

Dass Bottom-up-Erklärungen in diesem Fall von Belang sind, steht außer Frage (zum Beispiel wird das kortikale visuelle System durch die Arousalsysteme »eingeschaltet«, damit es den Bären sieht). Auch eine Top-down-Erklärung könnte im Spiel sein (zum Beispiel könnte der visuelle Kortex zunächst »den Hirnstammregionen Selektionskriterien vorgeben«, bevor sie dann ihrerseits Informationen an den visuellen Kortex senden; vgl. Pfaff, 2006, S. 29f.). Am wahrscheinlichsten ist, dass beides passiert. Wir haben es mit extrem komplizierten, interagierenden Systemen zu tun, die ihre Sequenzen möglicherweise je nach Stimulusbedingungen umbauen.

Vitalitätsformen sind gewöhnlich kurzlebige Vorgänge mit nuancierten zeitlichen Mustern, die in unterschiedlichen Kontexten auftauchen. Besitzt das Arousalsystem die Finesse und die Flexibilität, die nötig sind, um das Timing und die Intensität der Aktivierung auszubilden – ihre Kraft in eine dynamische Gestalt zu formen – und sie den spezifischen lokalen Erfordernissen anzupassen? Die Antwort lautet »ja«, und zwar aus folgenden Gründen.

Es gibt mehrere Arousalsysteme. Ihre aufsteigenden Leitungsbahnen können in zwei Hauptgruppen unterteilt werden. Da wären zum einen die »Masterzellen des Arousalhalbmonds«, die für das *allgemeine* oder *unspezifische Arousal* (für Schlaf- und Wachzustand) verantwortlich sind. Dies ist der primitivste und am wenigsten differenzierte Teil der Arousalsysteme. Er hat seinen Ursprung in der retikulären Formation des Hirnstamms und besitzt, abgesehen von der spezifischen anatomischen Lokalisierung, spezifische Leitungsbahnenverteilungen und Neurotransmitter. Evolutionsgeschichtlich ist er der älteste Teil.

Die zweite Gruppe der Aktivierungsbahnen, nämlich die *spezifischen aufsteigenden Leitungsbahnen*, projizieren zu stärker spezifizierten Hirnbereichen und dienen als »Antriebskraft« unterschiedlicher, charakteristischer Arousalzustände: Hunger, Schmerz, Sexualität, Angst, Aggression, Durst und so weiter. Es gibt fünf verschiedene spezifische aufsteigende Leitungsbahnen (und jede von ihnen unterscheidet sich überdies von der Leitungsbahn für das *allgemeine Arousal).* Sie unterscheiden sich in ihrem anatomischen Ursprung innerhalb des Hirnstamms, in der Art ihrer Zellkörper und -dendriten, im anatomischen Lokus ihrer Projektionen in die höheren Hirnzentren (mit überlappender Verteilung) und in ihren Funktionen. Wahrscheinlich haben sie auch unterschiedliche evolutionäre und ontogenetische Vorgeschichten (Pfaff, 2006).

Die fünf unterschiedlichen spezifischen Leitungsbahnen nehmen zudem je eigene Neurotransmitter in Anspruch, nämlich Noradrenalin, Dopamin, Serotonin, Azetylcholin und Histamin. Die Noradrenalin-Leitungsbahn ist zum Beispiel insbesondere für die sensorische Aufmerksamkeit und die Kontrolle der Emotionen zuständig, das Dopamin vor allem für zielgerichtete motorische Aktivität, das Serotonin für das emotionale Verhalten und die Kontrolle des vegetativen Nervensystems, das Azetylcholin in erster Linie für kortikales Arousal und das Histamin für das allgemeine Arousal (Robbins und Everitt, 1996; Pfaff, 2006; Pfaff und Banavar, 2007; Pfaff und Kieffer, 2008). Die Komplexität dieses Systems und seine Zusammensetzung aus einzelnen, voneinander getrennten Teilen bestätigen die Überlegung, dass die Arousalsysteme eine Vielzahl hochspezifischer, diffizil angelegter Arousalprofile produzieren können, die jeweils eine charakteristische Vitalitätsform entstehen lassen.

Was die differenzierten Signale aus den Arousalsystemen anlangt, so ist darüber hinaus zu vermuten, dass der Hirnstamm selbst über perzeptuelle Steuerungsfähigkeiten verfügt, so dass er perzeptuelle Prominenz zuschreiben und Reaktionen schon vor einer nennenswerten kortikalen Verarbeitung und/oder vor einer Beteiligung kortikaler Aktivität in Gang setzen kann (siehe das Beispiel des wilden Bären; vgl. auch Williams, 2006, S. 18).

Wenn man die Überlegungen einbezieht, die von Theoretikern der »Bewertung von Emotionen« [appraisal theory] formuliert wurden, ergibt sich eine weitere Möglichkeit, wie das Arousalsystem viele spezifische Vitalitätsformen produzieren könnte (siehe 6. Kapitel). Spezifische Emotionen werden demnach durch eine Abfolge von Beurteilungen oder Bewertungen erzeugt. Ist der Stimulus neuartig? Wie ist sein hedonischer Tonus beschaffen? Um was handelt es sich? Kann der Organismus den Reiz bewältigen? Und so weiter. Das Ergebnis ist eine bestimmte Emotion, die durch all diese Bewertungen, die in einer zeitlich festgelegten Sequenz erfolgen, geprägt wurde. Der Spezifität öffnen sich damit grenzenlose Möglichkeiten.

Nehmen wir einmal an, dass die höheren Hirnzentren das Arousalsignal während der neuronalen Top-down- und Bottom-up-Interaktionen, die sich zwischen den Arousalzentren und den höheren Funktionen abspielen, bewerten und es bestmöglich in den unmittelbaren Kontext einordnen können. Beispiel: Ist ein Arousalanstieg gemessen an dem Kontext, in dem er erfolgt, allzu lang, zu stark, zu langsam? Ist sein Gipfelpunkt allzu pointiert, so dass die Aktivierung – auf den Kontext bezogen – allzu rasch wieder abfällt? In einem solchen Prozess können die Arousalsignale feinabgestimmt werden. Diese Spekulation geht über die Annahme, dass der Kortex im Hinblick auf das, was den Hirnstamm erreicht, lediglich eine initiale Selektionsfunktion erfüllt, noch einen Schritt hinaus, aber die Neuroanatomie und die Neurophysiologie legen diese Möglichkeit tatsächlich nahe.

LeDoux (1996) postuliert eine weitere Möglichkeit, wie die (mutmaßliche) Unspezifität des Arousalsystems spezifische Effekte erzielen kann. Er vermutet, dass der (sensorische und präfrontale) Kortex zusammen mit dem Thalamus Informationen über einen äußeren Stimulus sammeln und Wahrnehmung, Aufmerksamkeit und Gedächtnis (Arbeits- und Langzeitgedächtnis) organisieren kann. All dies aber produziert, für sich allein genommen, lediglich Informationen. Es ruft weder dynamisch gefühltes

Erleben hervor, noch kann es einen Vorgang in gefühltes Erleben verwandeln. Dies kann nur geschehen, wenn die Arousalsysteme und die Amygdala aktiviert werden. (Die Amygdala ist ein evolutionsgeschichtlich alter Bestandteil des basalen Vorderhirns.)

LeDoux argumentiert wie folgt: Perzeptuelle (völlig gefühlsneutrale) Information aus dem sensorischen Kortex wird direkt an die Arousalsysteme im Hirnstamm gesendet. Der Hirnstamm ist reziprok mit der Amygdala verbunden und schickt ein Signal an sie hinauf (Gallagher und Holland, 1994; LeDoux, 1996). Daraufhin projiziert die Amygdala ein Signal zurück an den Kortex, um ebenjene sensorischen Areale stärker zu aktivieren, die den Prozess allererst in Gang gesetzt haben – jene Areale also, von denen die Information ursprünglich »nach unten« an das Arousalsystem gesendet wurde. (Bis zu diesem Punkt gleicht die Situation der Begegnung mit dem wilden Bären.) Mithin ist eine Feedback-Schleife entstanden, über die das aus der Amygdala stammende Arousal kortikal organisierte Wahrnehmungen, Aufmerksamkeitsvorgänge und Erinnerungen beeinflussen kann, die mit dem allerersten Stimulus zusammenhängen. Das Ergebnis kann dann wieder »nach unten« an die Amygdala gesendet werden und so weiter.

Und nun zum entscheidenden Teil: Wenn kortikale Zellen (zum Beispiel im visuellen System) stimuliert werden (etwa durch einen ins Gesichtsfeld rückenden Gegenstand), wird die Aktivierung ihrer Wahrnehmungsfunktion durch ein Arousalsignal verstärkt (Hobson und Steriade, 1986; McCormick und Bal, 1994). Diejenigen Zellen im Kortex, die momentan nicht damit beschäftigt sind, Informationen zu verarbeiten, bleiben unbeeinflusst. Ein unspezifisches Signal übt also eine spezifische Wirkung aus, und zwar selektiv auf die im Augenblick aktiven Wahrnehmungsprozesse und mit dem Ergebnis, dass die dynamischen Merkmale des Arousals in spezifische Informationsverarbeitungsprozesse integriert werden können. Das heißt, die resultierende Information wird dynamisch ausgestaltet und geformt. Somit wird ein spezifisches Erleben durch einen sehr unspezifischen Mechanismus erzeugt (LeDoux [1996] 1998, S. 309f.).

Ebenso wie viele andere Autoren weist auch LeDoux darauf hin, dass Arousal nicht nur durch emotionale Stimuli, sondern durch jeden neuartigen Reiz aktiviert wird. Doch »wird die temporäre Erregung [das Arousal], die ein neuer, aber nichtssagender Reiz auslöst, gleich wieder verfliegen, während emotionale Reize eine anhaltende Erregung auslösen« (ebd., S. 312). An einem Arousalzustand, der durch lediglich neuartige, nicht aber emotionale Stimuli aktiviert wird, ist die Amygdala nicht beteiligt. Man könnte fragen, was geschieht, wenn Reize vorwiegend aufgrund eines aktivierten nicht-emotionalen Zustands wie etwa einer Gedankenkette, einer Bewegung, eines Farbkontrasts etc. auftauchen. Können solche Zustände die Stärke und Dauer des Arousals nicht ebenfalls steigern? Und wie verhält es sich mit ästhetischen Stimuli generell?

LeDoux' Verständnis der Dynamik des Erlebens und des Arousalsystems dient zur Erklärung emotionalen Erlebens, insbesondere der Angst. Obwohl LeDoux anerkennt, dass Emotionen nicht alle gefühlten Erfahrungen abdecken und dass sich Angst/Gefahrenwahrnehmung von den übrigen Emotionen unterscheidet, benutzt er die Angst und die damit zusammenhängenden Abwehrsysteme als zentrales Modell. Dies erklärt zum Teil seine Auffassung von der Besonderheit der Rolle, die die Emotionen in Bezug auf das Arousalsystem spielen; es ist eine Art emotionszentrischer Sicht des Arousals (das für das Verständnis der Emotionen, jedoch weniger des Arousals sehr wertvoll ist).

Derselbe Blickwinkel beeinflusst auch LeDoux' These, dass Emotionen – insbesondere starke Emotionen wie die Angst bei drohender Gefahr – in der Lage sein müssen, ein anhaltendes Arousal hervorzurufen. Man kann das Arousal nicht aufgrund von Langeweile (Habituation) deaktivieren, während die Gefahr noch fortdauert. Dies erscheint durchaus logisch. Von Gefahren abgesehen, gibt es jedoch auch Stimuli, in deren Natur eine Variabilität gewissermaßen eingebaut ist, so dass die Habituation kaum ein Problem darstellt – zum Beispiel wenn wir in ein Feuer schauen oder Musik hören. Die meisten Musikstücke bestehen aus einem oder mehreren Themen mit Variationen; die Variationen (Neuheit) erfüllen die Funktion, einen bestimmten Grad des Arousals aufrechtzuerhalten (oder vielmehr immer wieder zu wecken) und die Erregung gleichzeitig zu modulieren und mit ihr zu spielen. Das Gleiche erleben wir beim Tanz, im Kino oder im Theater. Und es trifft auch auf spontane zwischenmenschliche Interaktionen während des gesamten Lebenszyklus, angefangen mit dem Säuglingsalter (denken wir an die Babyspiele), zu (Stern, 1985). Natürlich gibt es Intervalle, in denen man sich langweilt.

Abschließend stellt sich noch die Frage des Timing. Wir müssen die Bandbreite der zeitlichen Parameter untersuchen, die den Arousalsystemen verfügbar sind. Wir wissen, dass jedes der spezifischen Arousalsysteme seinen eigenen Bereich der Feuerungsfrequenz, -dauer und -stärke besitzt. Ein bestimmtes Areal des Hirnstamms kann in verschiedenen Magnituden an andere Areale feuern – das Resultat ist eine je unterschiedliche Dauer.

Viele verschiedene Frequenzen werden beispielsweise von der Amygdala emittiert, wenn sie auf einen Angststimulus reagiert (Quirk, Repa und LeDoux, 1995). Wir wissen auch, dass die aufsteigenden, mit je unterschiedlichen Transmittern arbeitenden Aktivierungssysteme mit wechselnden Frequenzen, zeitlichen Umfängen und Magnituden feuern können. Darüber hinaus können alle Zellgruppen sowohl synchron als auch asynchron feuern.

Eine sehr grobe Schätzung der potentiellen Anzahl verschiedener Arousalveränderungen und -profile, die in jedem beliebigen Moment aus der Komplexität der Arousalsysteme resultieren können, kommt zu erstaunlichen Ergebnissen. Das Arousalniveau kann sich in eine von zwei Richtungen verändern: Es kann ansteigen oder abfallen; die dritte Möglichkeit besteht darin, dass es unverändert bleibt. Von den fünf verschiedenen spezifischen Arousalsystemen kann jedes für sich allein oder in jeder beliebigen Kombination mit einem oder mehreren der übrigen vier Systeme feuern. Somit gibt es für aufsteigende Signale tausende Optionen. Wenn wir zudem bedenken, dass jedes System eine ganze Bandbreite an Feuerungsdichte aufweist und eine Bandbreite an zeitlicher Dauer mit verschiedenen Überlappungen, steigt die Anzahl der möglichen Arousalprofile ins Astronomische. Potentiell können sie ein Universum dynamischer Erfahrungen erschaffen. Der begrenzende Faktor ist vielleicht die Kreativität, mit der wir separate dynamische Erfahrungen innerhalb der Palette von Arousalprofilen zu unterscheiden vermögen. Die Sprache setzt solchen Differenzierungsunterfangen wahrscheinlich ebenfalls Grenzen, weil sie Kategorien vorgibt; sie ermöglicht es aber, Familien dynamischer Formen und infolgedessen Vitalitätsformen zu benennen.

Wichtig ist der Hinweis, dass die entlang des Zerebellums gelegenen Basalganglien zahlreiche zeitliche Aspekte kontrollieren. Sie enthalten ein aus Schrittmacher und Akkumulator bestehendes uhrenähnliches Zeitmessungssystem, das für die detailgenaue Unterscheidung von Zeitintervallen zuständig ist (Ferrandez et al., 2003). Die Basalganglien leisten zu auditiven wie auch zu motorischen Aufgaben einen wichtigen Beitrag. Vermutlich ermöglichen sie es uns, zum Beispiel die Dauer eines Klangs einzuschätzen (Belin et al., 2002; Nenadic et al., 2003).[11]

---

[11] Zwischen dem zeitlichen Erfassen eines Vorgangs [event timing] (zum Beispiel des Taktschlagens) und dem Erfassen des Zeitflusses besteht ein Unterschied. Man vermutet, dass die zeitliche Wahrnehmung von Vorgängen in erster Linie

Dementsprechend haben Patienten mit Läsionen der Basalganglien (des Hirnstamms) Schwierigkeiten mit den dynamischen Aspekten des Einsatzes von Kraft. Bei Experimentalaufgaben wenden sie entweder mehr oder aber weniger Kraft auf als erforderlich. Sie können den Einsatz von Kraft auch weniger gut imitieren als normale Kontrollprobanden und gehen weniger exakt bei der Regulierung von Kraftimpulsen vor (Vaillancourt et al., 2007).

Diese Erkenntnisse über die Beteiligung der Basalganglien an Zeitmessung und Kraftregulierung sind im Lichte der Rolle, die der Hirnstamm für die Vitalitätsdynamik zu spielen scheint, nicht überraschend.

Werden die Arousalsysteme von höheren Zentren reguliert?

Die Regulation der Emotionen durch andere als die emotionalen Hirnzentren gibt das Modell für diese Frage ab; deshalb machen wir hier den Anfang. Es ist unbestritten, dass die meisten Emotionen durch kognitive Bewertungen reguliert oder sogar durch sie erzeugt werden. Gilt dasselbe für die Vitalitätsformen? Viele Autoren vertreten die Ansicht, dass die schließlich herausgebildete emotionale Erfahrung (das, was wir zu fühlen glauben) das Resultat multipler Prozesse ist, die zusammen und nacheinander operieren, nämlich physiologisches Arousal, neurologische Aktivierung, Aufmerksamkeitsprozesse, hedonische Evaluation, sozialer Kontext, kulturelle Voreingenommenheiten, »basale« Reaktionstendenzen, Vorgeschichte und so weiter (Thompson, 1994; Scherer, 1993, 2001; Scherer, Schorr und Johnstone, 2001).

All die oben erläuterten Prozesse filtern, modulieren, bewerten und interpretieren einen initialen Reiz. Emotionale Zustände tauchen infolge des Verlaufs und des Ergebnisses des sequentiellen Bewertungsprozesses auf. Einige Forscher erklären diesen Prozess in dem Sinn, dass ein Stimulus beispielsweise zuerst daraufhin beurteilt wird, ob er neuartig ist und potentiell wichtige Information enthält. Ist er von Belang, oder handelt es sich lediglich um ein uninteressantes, vertrautes Geräusch? Millisekunden später wird der Stimulus daraufhin geprüft, ob er gemieden oder aufgesucht werden sollte (eine hedonische Beurteilung). Später erst wird inner-

---

vom Zerebellum und das Erfassen zeitlicher Intervalle vorwiegend von den Basalganglien gesteuert werden.

halb von Millisekunden seine Identität festgestellt – das, was er ist. Anders formuliert: Wir reagieren auf einen Stimulus bereits lang, bevor wir ihn identifiziert haben. (Dass sie tatsächlich einem wilden Bären gegenüber standen, machen Sie sich unter Umständen erst bewusst, während Sie bereits um ihr Leben rennen. Wenn Sie mit ihrer Entscheidung hätten warten müssen, statt augenblicklich loszurennen, wären Sie tot.) Nach der Identitätsfeststellung wird die Situation im Hinblick auf verfügbare Coping-Mechanismen, soziale Implikationen, moralische Konsequenzen und so weiter beurteilt (Zajonc, 1980; Scherer, 2001). Die Befürworter der kognitiven Bewertungstheorie sind sogar der Ansicht, dass die Bewertung für die am Ende auftauchende Emotion verantwortlich ist. Unterschiedliche Bewertungen an den einzelnen Punkten des sequentiellen »Evaluationschecks« rufen unterschiedliche Emotionen hervor (Lazarus, 2001). Es ist ähnlich, als würde man mehrere Zylinder auf ein altmodisches Teleskop montieren. Demgemäß kann es hunderte oder tausende von Gefühlsqualitäten und -mischungen geben, die durch unterschiedliche Beurteilungsprozesse hervorgerufen werden. Jede ist eine eigenständige Emotion. Diese Gefühlspalette müssen wir dann in die wenigen Kategorien pressen, die unsere jeweilige Sprache bereithält.

Nun können wir zu der wichtigsten Frage, die wir gestellt haben, zurückkehren. Existieren Vitalitätsformen, bevor ein Arousal »reguliert« und den unmittelbaren Erfordernissen angepasst wurde, oder erst danach? Und wie wären Vitalitätsformen beschaffen, wenn sie keinerlei Inhalt hätten? Alternativ können wir unter dem entgegengesetzten Blickwinkel fragen: Warum können Beurteilungsprozesse nicht auf dynamische Erfahrungen an sich und sogar dann, wenn diese außerhalb eines emotionalen Vorgangs oder vor ihm erfolgen, angewendet werden?

Manche Autoren nehmen an, dass dynamische Eigenschaften zu bestimmten Zeitpunkten unter bestimmten Bedingungen direkt gefühlt und ausgedrückt werden können, also ohne dass sie einen Bewertungsprozess durchlaufen müssen (LeDoux, 1996, 2002; Frijda und Zeelenberg, 2001; Pfaff, 2006). Welche Form könnten solche direkten Äußerungen annehmen? Im Allgemeinen denken wir, dass neuronale Entladungen im Hirnstamm, die nicht durch höhere Zentren kontrolliert und auf diese Weise dem unmittelbaren lokalen Kontext angepasst werden, sehr primitiv, ungezähmt, unmoduliert und unkontrolliert in Erscheinung treten (zum Beispiel Wut, Flucht, Angriff, explorierendes Verhalten sowie andere Überlebens- und Vitalfunktionen).

Nehmen wir an, dass dies lediglich unter bestimmten Umständen zutrifft, beispielsweise im Fall von körperlichen Traumata, Erkrankungen, chirurgischen Eingriffen und/oder unter experimentellen Bedingungen (in denen der Löwenanteil der Befunde gewonnen wird, die für diese Position sprechen). Nehmen wir des Weiteren an, dass unter normalen Bedingungen das ursprüngliche, unregulierte dynamische Erleben, das durch das Arousalsystem hervorgerufen wird, ein wesentlich größeres, reicheres und subtileres Repertoire an gefühlter Erfahrung konstituiert, als wir es uns vorgestellt haben, und zwar sowohl mit kortikaler Bewertung als auch ohne. Anders formuliert: Der Hirnstamm selbst erzeugt subtile Unterschiede und Nuancen oder gibt diese vor.

Dies klingt gar nicht einmal so weit hergeholt, wenn man bedenkt, dass Föten ab der 10. Schwangerschaftswoche (ohne kortikalen Input) über ein Repertoire an nicht-reflexhaften Bewegungen verfügen, die durch ein Anfluten des Arousals ausgelöst werden (siehe 6. Kapitel). Ruhe-Aktivität-Zyklen und Schlaf-Wach-Zyklen bilden sich schon vor der 30. Schwangerschaftswoche deutlich heraus (manche Autoren sprechen von der 18. Woche). Weniger klar ist, wann die Projektionen des Hirnstamms zum Kortex und umgekehrt, sobald sie anatomisch gebildet sind, ihre Funktionen tatsächlich aufnehmen. Wie dem auch sei: Das Arousalsystem organisiert sich und funktioniert ohne nachweisbaren kortikalen Input.

Zudem haben sehr junge Säuglinge schon lange, bevor sie »kognitiv bewerten«, an multiplen dynamischen Erfahrungen teil. Sie atmen regelmäßig aus und ein, haben Schluckauf, gähnen, rülpsen, entleeren Darm und Blase, schlucken und saugen. All diese Aktivitäten weisen auch je unterschiedliche Arousalprofile auf und erzeugen eine je unterschiedliche Vitalitätsdynamik. Babys warten mit wachsender Spannung und Erregung darauf, dass die Mutter ihnen die Brust oder die Flasche anbietet. Sie verspüren, wie sich Hunger und Spannung aufbauen. All diese Vorgänge sind mit dynamischen Erfahrungen verbunden, die Säuglinge wahrscheinlich auf non-verbale, kinästhetische und körperliche Weise wahrnehmen und repräsentieren. Dass sie dies tun, bekunden sie durch vielerlei Signale, vor allem durch ihr spontanes und antizipatorisches Verhalten.

Wir können diese Liste noch erweitern. Auf den Anblick einer neuen Szene reagieren Säuglinge sehr häufig, indem sie bei diesem »Aufwallen einer frischen Gegenwart« als natürlichem Geschehen die Augen schließen und wieder öffnen (Merleau-Ponty, 1962). Sie lernen, dass die Dynamik der Welt eine »wiederkehrende« ist. Sie beobachten Veränderungszyklen, die sich tagtäglich oder viele Male am Tag in ihrem Gesichts- und Hörfeld vollziehen, die sie riechen oder propriozeptiv wahrnehmen oder auch dank ihres Berührungssinnes erfassen können. Spiele mit Spannungsaufbau wie das »Kuckuck-« oder »Ich-fang-dich-«Spiel oder »Backe, backe Kuchen« wecken Erwartungen mit unterschiedlichen Vitalitätsformen und bauen ein hohes Spannungsniveau auf, das nach Erreichen des Gipfelpunktes wieder abfällt. Babys initiieren auch Interaktionen oder fordern sie ein, die ihr Erregungsniveau dämpfen, zum Beispiel Beruhigung, Streicheln, leises Singen mit schleppendem Tempo und so weiter. Jeder dieser Vorgänge hat ein anderes Arousalprofil und eine andere Vitalitätsform. Etliche Studien lassen vermuten, dass sich die Psychologie normal und zu früh geborener Babys in den ersten Lebenstagen und -wochen um die Regulierung von Stimulusstärke und aktiviertem Arousal dreht. Das Management der Dynamik des Erlebens gehört zu unseren allerersten, unvermeidlichen, lebensentscheidenden Aufgaben (Als, 1984; Dunn, 1997; Bruschweiler-Stern, 2000).

Sind die Arousalsysteme genügend spezifisch?

Die folgende Frage ist entscheidend: Besitzen die Neuroanatomie und die Neurophysiologie der Arousalsysteme genügend Spezifität, um die Vielfalt an Bewegungen, die wir am (weitgehend »präkortikalen«) Fötus, Neugeborenen und Säugling beobachten, erklären zu können? Die Antwort lautet: Ja.

Säuglinge wachsen, kurz gesagt, innerhalb eines ausgedehnten Spektrums dynamischer Erlebensweisen auf. Wir nehmen an, dass diese nicht zwangsläufig eine kognitive Bewertung voraussetzen – erst recht nicht in wesentlichem Umfang. Dubowitz et al. (1986) haben sogar gefragt, ob der Kortex überhaupt notwendig ist, damit das Baby sehen kann. Der dynamische Aspekt des Erlebens kann gleichwohl körperlich, kinästhetisch und als dynamische Form repräsentiert werden. Dieses Repertoire verschwindet nicht mit der Entwicklung; es wächst in Breite und Vielfalt und umfasst schließlich auch unsere Erwartungen, wie andere Menschen sich bewegen und sprechen. Und es schließt unsere eigene Weise der Lebendigkeit, unseren Stil, unsere charakteristischen Vitalitätsformen und unsere dynamische Signatur mit ein.

Die dynamischen Eigenschaften des Erlebens können zwar schon vor einer nennenswerten kognitiven Verarbeitung und ohne eine solche gefühlt werden; sobald die Entwicklung es aber erlaubt, werden sie normalerweise durch kognitive Beurteilungsprozesse und emotionale Färbung subtil gestaltet und den augenblicklichen Bedingungen angepasst. Tatsächlich können sogar höhere mentale Aktivitäten, etwa bewusste Vorstellungen, Vitalitätsformen hervorbringen. Die wechselseitige Bottom-up- und Topdown-Regulation ermöglicht es, eine inauthentische Arousalreaktion in sozialen Situationen zu fingieren, falls wir es für nötig halten. Wir tun dies sehr häufig, indem wir die Augenbrauen übertrieben hochziehen, die Augen weiter öffnen, sie aufstrahlen lassen, indem wir uns mit dem ganzen Körper nach vorn beugen oder uns nach einer Phase der Reglosigkeit bewegen oder aber in der Bewegung innehalten und so weiter. Solche sozialen Anpassungen werden wahrscheinlich ebenso wie der Gesichtsausdruck der Emotionen von den kortikalen Zentren gesteuert, die die aufsteigenden Bahnen regulieren.

Dynamische Vitalitätserfahrungen können aus den relativ allein, ohne Beteiligung anderer Hirnbereiche operierenden Arousalsystemen hervorgehen. Andererseits können sie aus dem Input der kognitiven und emotionalen Zentren resultieren, die die ursprüngliche Hirnstammbotschaft verarbeiten, um den aktuellen Bedingungen Rechnung zu tragen.

Zusammenfassend können wir festhalten, dass es anatomische und funktionelle Eigenschaften der Arousalsysteme gibt, die sie zu plausiblen Kandidaten für die Erzeugung der zeitlichen Eigenschaften und der Stärke machen, die dem Erleben dynamischer Vitalitätsformen zugrunde liegen.

Zweiter Teil

Die Rolle der Arousalsysteme und die Beispiele aus Musik, Tanz, Theater und Film

5. Kapitel

Vitalitätsformen in Musik, Tanz, Theater und Film

Die Künste zeigen beispielhaft, wie wir durch Vitalitätsformen, die mit dem Arousal zusammenhängen, beeinflusst werden. Jeder kennt die zeitgestützten Künste. Darüber hinaus haben wir alle schon einmal Situationen erlebt, in denen uns die durch ein Kunstwerk hervorgerufene Vitalitätsform tief bewegt hat. Gleichermaßen wichtig ist, dass die Künste Vitalitätsformen in relativ gereinigter Form zeigen – rein in dem Sinn, dass die dynamischen Eigenschaften einer Darbietung zumeist verstärkt, verfeinert und wiederholt geprobt wurden. Rein sind sie aber auch deshalb, weil sich die Vitalitätsdynamik, wie Langer (1953) erläuterte, von den Kontingenzen oder Handlungslinien des Alltagslebens relativ weit entfernen kann.

Trotzdem stehen die Künste nicht einzigartig da. Sie dienen als aufschlussreiches Beispiel für das, was in den täglichen Interaktionen zweier Menschen oder auch unter besonderen Umständen, beispielsweise im Behandlungszimmer, geschieht. Auch eine normale Interaktion ist eine Darbietung: Mimik, Körper, Tonfall etc. des Sprechers und des Zuhörers sind eine »Show« für den Anderen und für sie selbst, eine Show mit raschen Veränderungen des Arousals, Interesses und der Lebendigkeit. Von außen betrachtet, ist eine solche Interaktion ein Duett. Deshalb werden wir uns die dynamischen Aspekte dieser Künste nun ein wenig genauer ansehen.

Künstlerische Darbietungen bewegen uns von Moment zu Moment und über längere Zeiträume. Spannung, Kraft und Erregung steigen an und lassen wieder nach. Während einer Vorführung verändert sich unser Arousalniveau unentwegt. Die zeitgestützten Künste arbeiten in höchstem Maße mit der Dynamik unseres Erlebens. Seine Erfahrungseinheiten sind die Vitalitätsformen (die manchmal mit spezifischen Emotionen einhergehen). Die Vitalitätsformen entfalten sich in der inneren Welt der Zuschauer und Zuhörer und vermutlich auch in der des ausführenden Künstlers, und sie müssen in irgendeiner Weise in der inneren Welt des Urhebers präsent gewesen sein.

Manche zeitgenössischen Künstler haben beschlossen, auf traditionelle Formen wie narrative Struktur, Linearität, Nicht-Zufälligkeit, Ganzheitlichkeit und so weiter zu verzichten. Trotzdem erzeugt jede Geste oder musikalische Linie, während sie sich entfaltet, Erwartungen hinsichtlich ihrer Auflösung. Implikationen tauchen auf und mit ihnen Veränderungen des Arousals und neue Vitalitätsformen.

Hier ergeben sich zwei Fragen. Erstens: Jede Kunst muss ihre dynamischen Grundformen bestimmen und sodann Kodierungen erfinden, um diese dynamischen Formen zu kennzeichnen (dynamische Indikatoren); dies ist die Voraussetzung für jede originalgetreue Wiedergabe der gewünschten Vitalitätsformen. Außerdem bedarf es einer kanonischen Version, anhand deren individuelle Interpretationen beurteilt werden können. Wie haben die Künste diese Aufgabe gelöst?

Zweitens: Welche Gelegenheiten ergeben sich zur Kooperation zwischen Vertretern unterschiedlicher Kunstformen dadurch, dass die Vitalitätsformen in sämtlichen Modalitäten operieren und ungeachtet der Modalität, aus der sie hervorgehen, wahrscheinlich ähnliche gefühlte Zustände erzeugen? Können dieselben Vitalitätsformen durch zwei oder mehr verschiedene Künste hervorgebracht werden? Verhalten sich die künstlerischen Effekte komplementär oder additiv zueinander, oder sind sie mehr als die Summe der Teile? Was können uns künstlerische Kooperationen sagen? Diese Frage ist wichtig, weil alle Künste dasselbe Repertoire an Vitalitätsformen in die Zusammenarbeit einbringen.

Bevor wir einen Schritt weiter gehen, sind zwei allgemeine Erläuterungen angebracht. Wir werden uns nahezu ausschließlich mit den kleineren oder kürzeren dynamischen Formen beschäftigen – mit den minuziösen Veränderungen des Arousals und der Erregung. Außerdem werden wir die Diskussion auf die rein zeitgestützten Künste beschränken, also auf Musik, Tanz, bestimmte Theaterrichtungen und den Film, weil sie in der »Echtzeit« stattfinden. Im Gegensatz zu ihnen werden die auf Sprache beruhenden Künste, etwa das traditionelle Theater, ebenso wie Prosa und Lyrik gewöhnlich vom narrativen Prozess angetrieben; sie ereignen sich gleichzeitig sowohl in der »Echtzeit« (das heißt, in der Zeit, in der wir lesen, zuschauen oder zuhören) als auch in der narrativen Zeit, was die Situation erschwert. Wir müssen das faszinierende Problem des dynamischen Erlebens in Prosa und Lyrik vorläufig außer Acht lassen, obwohl diese Künste implizite nicht-sprachliche »Regeln« für die Äußerung von Vitalitätsformen und die sprachlichen Mittel ihrer Erzeugung besitzen. Dies gilt gleichermaßen für die »Kunst« der Rhetorik.

Kooperationen

Die folgenden Überlegungen zur Kooperation unterschiedlicher Kunstformen konnte ich auch dank der Diskussionsrunden entwickeln, die 2007 am Philoctetes Center for the Multidisciplinary Study of Imagination in New York stattfanden.

Kooperationen scheinen etwas sehr Natürliches zu sein – denken wir nur daran, wie häufig wir uns, wenn wir über eine Kunstform sprechen, der Sprache anderer Künste bedienen. Schauen wir uns als Beispiel an, was Alastair Macaulay 2007 über die Abschiedsvorstellung der Ballerina Kyra Nichols vom New York City Ballet schrieb:

> [...] der aufblitzende Impuls, mit dem sie die Sprünge im Kreis ausführt [...] der singende Fluss des Legato [...] einer Aufeinanderfolge rascher Drehungen [...] das andächtige Heben der Arme [...]

Oder Robin Goldings (1986) Einführung in Beethovens Streichquartett op. 131:

> Die dritte Variation ist [...] geschmeidig [...] schmeichelnd [...] verführerisch [...] in ihrer ersten Hälfte, doch emphatisch in der zweiten [...] der Schlusston der letzten Variation schwebt buchstäblich in der Luft.

Wahrscheinlich haben alle Kulturen seit jeher den Tanz und die Musik miteinander verbunden. Im 19. Jahrhundert aber wurde die Kombination unterschiedlicher Kunstformen um etwas Neues erweitert. Richard Wagner gab den entscheidenden Impuls zur Entwicklung einer neuen Geisteshaltung und zu dem Versuch, die Zusammenführung verschiedener Künste zu erforschen, um neue, umfassendere Werke hervorzubringen und die Kunstlandschaft zu revolutionieren (Borchmeyer, 1982). Damit begann eine künstlerische und kulturelle Revolution. Unter dem Einfluss von Darwins Evolutionslehre verstand Wagner die Künste als eigenständige Gattungen. Er nahm an, dass jede Form sich bis zu ihrem Gipfelpunkt entwickelt habe und am Ende ihrer Möglichkeiten angelangt sei. Kein Komponist, so seine Überzeugung, würde Beethoven übertreffen können und kein Dramatiker Shakespeare. In seinen Augen war das Zusammenwirken oder die Zusammenführung unterschiedlicher Kunstformen ein Weg, neue Kunstformen, »Gesamtkunstwerke«, ins Leben zu rufen.

Es scheint, als sei der allen Künsten eigene meta-modale Charakter der Vitalitätsformen mit Wagner stärker in den Vordergrund gerückt. Die Künstler begannen, sich nach Kollegen umzusehen, die mit anderen Medien arbeiteten, und erforschten die Gefühle und Ideen, die aus der Kombination verschiedener Gattungen hervorgingen. Im Folgenden gebe ich einen stark verkürzten chronologischen Überblick über die Kooperationen, die nach »etwas mehr« strebten, nach einem »Gesamtkunstwerk« im Wagnerschen Sinn.

Zu den wahrlich bemerkenswerten Kooperationen zählten die Gemeinschaftsproduktionen der »Symbolisten« – Dichter (zum Beispiel Baudelaire und Mallarmé), Maler (unter anderen Bonnard, Toulouse-Lautrec und Seurat) und Theaterkünstler, die im ausgehenden 19. Jahrhundert wirkten. Die Leitvorstellung war die »Korrespondenz« zwischen den Kunstformen, die man als Möglichkeit der künstlerischen Regeneration und Weiterentwicklung verstand. Eine neue Avantgarde war geboren (Balakian, 1967; Deak, 1993; Fleischer, 2007). Anders als Wagner versuchten die Symbolisten nicht, eine neue, umfassendere statische Kunstform zu erschaffen. Sie glaubten vielmehr, dass jede Kunst für eine andere stehen könne, dass sie einander verstärkten und evozierten. Letztlich ging es ihnen darum, einen subjektiven Prozess höherer Transzendenz zu generieren, etwas Geheimnisvolleres.

»Korrespondenzen« zwischen verschiedenen Künsten entstehen zwangsläufig aufgrund des meta-modalen Charakters der Vitalitätsformen, die der gemeinsamen Fähigkeit zugrunde liegen, ähnliche, aber nicht identische Erfahrungen zu erzeugen. Die Magie besteht in der Paarung nicht des exakt »Gleichen«, sondern des Ähnlichen.

Wenn man verschiedene Künste zusammenbringt, wird klar, dass sich bestimmte Aspekte nicht ohne Weiteres von einer Form in die andere übersetzen lassen. Dies gilt beispielsweise für den Wortsinn. Im Falle einer spezifischen Emotion ist es ein wenig einfacher, und weitgehend reibungslos dürfte es mit Stimmungen und Vitalitätsformen gelingen. Vitalitätsformen sind basaler. Sie können auf einer minuziösen Basis mühelos zwischen den Künsten transferiert werden – weitgehend dank ihrer Meta-Modalität und der möglichen Modulationsgeschwindigkeit.

Anfang des 20. Jahrhunderts brachten Sergej Djagilew und sein *Ballets Russes* in Paris Komponisten (Strawinsky, Debussy, Ravel und Prokofjew), Dichter (Hofmannsthal und Cocteau), Choreographen (Fokine, Massine, Nijinsky, Nijinska und Balanchine) und Maler (Picasso, Braque, Matisse und Derain) zusammen. In den Sternstunden ihrer Kooperation entstanden Werke, die noch heute getanzt werden, etwa *Le Sacre du Printemps*, *Les Sylphides*, *Petrouchka*, *L'Après-midi d'un Faune* und *Les Noces*. Wagners Grundidee einer neuen und größeren Kunstform, eines »Gesamtkunstwerks«, war auch hier nicht fern (Garafola, 1989).

Ungefähr zur selben Zeit trennte sich der Choreogaph Fokine von Djagilews *Ballets Russes* und gründete das *Ballets Suédois*: »Welche Ballettkompanie hat sich je solcherart präsentiert und die berühmtesten Musiker und die Crème der französischen Künstler zusammengeführt?« (Häger, 1990, S. 7) Inspirieren ließ sich das *Ballets Suédois* sowohl vom modernen Tanz als auch vom klassischen Ballett. Die Zeitgenossen hielten es für noch kühner und avantgardistischer als das *Ballets Russes*, und zwar vor allem aufgrund seiner wagemutigen Kombinationen akustisch und optisch erzeugter Vitalitätsformen.

Auch in diesem Fall war der meta-modale Charakter der Vitalitätsformen für die erzielte Wirkung entscheidend.

Ein wenig später setzte eine außergewöhnliche Zusammenarbeit zwischen dem russischen Filmregisseur Sergej Eisenstein und dem Komponisten Prokofjew ein. Für bestimmte Filmausschnitte planten sie jede Einstellung, damit die durch die Kamerabilder erzeugte dynamische Wirkung (einschließlich der räumlichen Weite) der Linie und dem Eindruck der musikalischen Phrase entsprach, die sie der Einstellung unterlegten. Das Ergebnis waren Filmklassiker wie *Alexander Newski*.

Die deutsche Bauhaus-Schule versammelte zwischen 1919 und 1933 Maler, Bildhauer, Architekten, Dramatiker, avantgardistische Filmkünstler, Musiker und Wahrnehmungspsychologen unter einem Dach. Zu den ersten Lehrern zählten Josef Albers, László Moholy-Nagy, Walter Gropius, Wassily Kandinsky, Paul Klee und Lyonel Feininger. Ziel der Bewegung war es, ein »Gebäude für die Zukunft« zu errichten und »sämtliche Künste zu einer idealen Einheit zu verbinden«. Der Einfluss der Schule war gewaltig und machte sich in manchen Kunstbereichen über das gesamte 20. Jahrhundert geltend. Paul Klees Arbeit ist dafür ein Beispiel. Sein Werk zeugt von all diesen anregenden Einflüssen, insbesondere der Musik und der Architektur (Duchting, 1997). Der Untertitel von Hajo Duchtings Monographie über Klee, »Painting Music« – »Musik malen« – bringt diesen Geist zum Ausdruck.

Mitte des 20. Jahrhunderts kam es zu der berühmten Zusammenarbeit zwischen dem Komponisten John Cage, dem Choreographen Merce Cunningham und dem Maler Robert Rauschenberg. Ihnen ging es nicht darum, eine neue Kunstform zu erschaffen, erhabener und umfassender, als Wagner sie erträumt hatte, im Gegenteil: Sie wollten etablierte Formen und Denkweisen multimodal auflösen und dekonstruieren. (Die Tänzer hörten die Musik, zu der sie tanzen sollten, bisweilen unmittelbar vor der Aufführung zum ersten Mal.)

Dies also einige der frühen Kooperationen, die unter direktem oder indirektem Einfluss Wagners realisiert wurden. (Dass sich naturgemäß auch im Film – dazu später mehr –, in der Oper und im Broadway-Musical verschiedene Künste vereinen, ist dabei nicht zu vergessen.)

Die Faszination des Meta-Modells lässt weiterhin immer neue Kooperationen entstehen. Als Beispiel sei das *Judson Dance Theater* genannt, eine der unzähligen Tanztruppen, die in den 1960er und 70er Jahren in New York aus dem Boden schossen. Diese Gruppe experimenteller Choreographen und Theaterkünstler scharte sich um Yvonne Rainer und Steve Paxton, nahm die Ideen neuer Tänzer bereitwillig auf und gab den Anstoß zu weiteren Kooperationen, beispielsweise der *Yvonne Rainer Dance Company*, der *Grand Union* (einem Improvisationsensemble), der *Contact Improvisation* von Steve Paxton, den Kompanien von Trisha Brown, Douglas Dunn, David Gordon, Lucinda Childs, der *Pick Up Company* und vielen anderen. In gewisser Weise wurde die Kooperation an sich zu einer Kunstform, einem lebenden, in ständiger Veränderung begriffenen Organismus (Banes, 1987; Rainer, 2006). Von Ausnahmen (etwa Noa Eshkol) abgesehen, war es kaum möglich, schnell genug neue Kodierungssysteme zu entwickeln, um die dynamischen Eigenschaften der Bewegungsformen zu erfassen.

Das Werk Robert Wilsons erzeugte außergewöhnliche neue dynamische Vitalitätsformen in den Licht- und szenischen Arrangements, so dass ein Großteil des Tanztheaters sich um visuelle Effekte drehte oder durch sie angeregt wurde. In Wilsons Händen verwandelten sich die Beleuchtung und andere visuelle Effekte in das eigentliche Drama (Holmberg, 1996).

All diese Kooperationen beruhten auf der Annahme, dass sich die zeitgestützten Künste auf der elementaren Ebene weitgehend, aber nicht ausschließlich, mit Langers »Gefühlsformen«, das heißt mit Vitalitätsformen, auseinandersetzen. Darüber hinaus findet die Dynamik des Erlebens in allen Kunstformen Ausdruck, weil sie dieselbe meta-modale Sprache der Vitalitätsformen – sei's mit identifizierbaren Emotionen oder ohne – sprechen. Und zudem ist die »Sprache« der Vitalitätsformen auch auf gewöhnliche, alltägliche Bewegungen (Rainers *We Shall Run*) und sogar auf die Kontaktimprovisation (Paxtons *Proxy*) anwendbar.

In Interaktionen mit Säuglingen und Kleinkindern, die noch nicht sprechen können, oder mit nicht sprechenden Erwachsenen erfüllen Vitalitätsformen eine ähnliche Funktion wie Metaphern im Bereich des Verbalen und Symbolischen. Auch die Musikpädagogik (denken wir an Émile Jaques-Dalcroze) macht sich solche Formen zunutze.

Das Problem der Kodierung von Vitalitätsformen in Musik, Tanz, Theater und Film

Wie werden Vitalitätsformen von den verschiedenen Kunstformen in den »Bereich des Wahrnehmbaren« übersetzt?

Musik

Im Laufe vieler Jahrhunderte hat die Musik ein System zur Notierung dynamischer Eigenschaften entwickelt; es gewährleistet, dass die Aufführungen den Vorstellungen und Ideen des Komponisten gerecht werden, und dient gleichzeitig als Maßstab zur Beurteilung individueller Interpretationen. Diese Kodierungen oder dynamische Bezeichnungen sind allgemein bekannt. Als Nicht-Musiker machen wir uns aber häufig nicht klar, welche entscheidende Rolle sie beim Komponieren wie auch beim Musizieren spielen. Hier einige der Zeichen, mit denen dynamische Formen in der Musik notiert werden – Bezeichnungen, mittels deren der Künstler Vitalitätsformen erzeugt.

– Die Intensität (Lautstärke des Tons) wird durch Zeichen oder Symbole angegeben: p (piano) = leise, sanfter, weicher; pp (pianissimo) = sehr leise; f (forte) = laut, mächtiger; ff (fortissimo) = wesentlich lauter, stärker etc. In der Musik bezeichnet der Begriff »Dynamik« allein die Lautstärke. Diese aber wird vom Zuhörer als Ausdruck von Kraft gehört. In der Tat muss ein Pianist, um einen lauteren Klang zu erzeugen, größeres Gewicht in seinen Anschlag legen, und das Publikum spürt die zupackende Kraft, die dahinter steckt. Das Gleiche gilt auch für jedes andere Instrument. Somit werden die Vitalitätsformen durch Körperkraft im Verein mit Schwerkraft und Intention geprägt und ausgedrückt.

– Veränderungen der Tonstärke oder -intensität werden durch folgende Zeichen notiert: < = ansteigende Intensität (crescendo) und > fallende Intensität (decrescendo). Werden diese Anweisungen vom ausführenden Musiker befolgt, rufen sie spezifische Vitalitätsformen hervor.

– Für Betonungen oder Akzente hält die Notenschrift mannigfaltige Zeichen bereit. So verlangt ein sf (sforzando) einen scharfen, heftigen »Angriff«. Die Wucht eines rasch ausgeführten Schlages muss körperlich wie auch mental vorbereitet werden. Dem Zuhörer wird dies durch transmodale Wahrnehmung und durch das System der Spiegelneuronen als Vitalitätsform vermittelt. Kurze Noten mit darunter gesetzten Punkten (staccato) schreiben einzelne, deutlich voneinander abgesetzte Töne vor, der Legato-Bogen hingegen verlangt, die Töne übergangslos miteinander zu verbinden. Beim Staccato perlen oder hüpfen die Töne, beim Legato fließen sie dahin.

– Der Legato-Fluss kann durch Bögen über oder unter einer Notengruppe markiert werden; ein solcher Bogen zeigt an, dass die Noten wie eine einzige Phrase ineinanderfließen sollen. Alternativ kann auch das Halten eines Tons vorgeschrieben sein. Die meisten dieser Bezeichnungen können den Fluss der Musik verändern. Das Hören des Flusses ist ein komplizierter Vorgang. Zum Beispiel hat eine Phrase in der Wiederholung einen anderen Fluss, weil man ihre Dynamik beim zweiten Mal bereits erwartet. Die Art der Sequenzen, die Erwartungen, die sie erfüllen oder gegen die sie verstoßen, sowie kulturelle Normen spielen in unseren dynamischen Reaktionen auf Fließmuster eine große Rolle.

– Bekannter ist die ebenfalls durch Bezeichnungen vorgegebene Geschwindigkeit (das Tempo). Darüber hinaus verweisen die Zeichen

für »allegro« (lebhaft), »andante« (langsam schreitend) und so weiter auch auf den »Geist des Tempos«. Das heißt, diese Notierungen sind nicht nur Temposymbole, sondern geben die zu erzeugenden Vitalitätsformen vor. Progressive Tempoveränderungen werden durch »ritardando« (langsamer werdend, verzögernd) oder »accelerando« (schneller werdend) angegeben, und auch sie bewirken Mikroveränderungen des Arousals.
- Für den Rhythmus gibt es ebenfalls spezifische Bezeichnungen. Rhythmusveränderungen üben auf den Orbit des Arousals einen unmittelbaren Einfluss aus.

Als das Cembalo nach und nach vom Flügel mit seinem größeren dynamischen Potential abgelöst wurde, benötigte man neue dynamische Bezeichnungen. Manche Komponisten, etwa Bartok, verwenden sie in Fülle. Beethovens extreme Dynamik erzeugt bekanntlich eine ungeheure Bandbreite an Vitalitätsformen, indem sie mit unserem Arousalniveau geradezu spielt. Die ersten vier Töne (zwei Noten) seiner Fünften Symphonie, das berühmte »da da da *dah*«, begründen das Ausgangsniveau des Arousals und eine spezifische Vitalitätsform. Die Intensität, das Tempo, das Timbre, die Klangfarbe und die Betonungen dieser Dynamik oder dieses Themas aus vier Noten werden sodann mannigfaltig variiert. Manchmal geht dem Thema eine längere Pause voran – es wird isoliert. Dann wird es mit Verve artikuliert – monumental steht es da. Unser Arousal ist erhöht. An anderen Stellen wird es ruhiger intoniert, so dass es in die Klänge, die es umgeben, hinein- oder aus ihnen herauszufließen scheint. Unser Arousalniveau fällt. Das Thema erklingt in unterschiedlichen Tonlagen und wird von unterschiedlichen Instrumenten und Instrumentengruppen aufgenommen. Was Beethoven hier ausspielt, ist nichts weniger als die Vitalitätsdynamik der Musik und des Lebens.

In anderer Weise können uns die dynamischen Eigenschaften eines Musikstücks innerhalb von Sekunden sagen, ob wir Rock, Blues, Country oder Reggae hören – selbst wenn es sich um ein und dasselbe Lied handelt. Die dynamischen Eigenschaften der verschiedenen Stilrichtungen sind unverkennbar, wenn man weiß, worauf man zu hören hat: zum Beispiel, welche Note des Takts betont ist (Levitin, 2006).

Diese dynamischen Eigenschaften sorgen dafür, dass die Rhythmen und Melodien mit ihren Variationen und Harmonien den Eindruck von Lebendigkeit und Vitalität vermitteln.

Ebenso wie für die Musik musste man für den Tanz und seine Grundelemente (Positionen, Gesten und Bewegungen sowie Duette) ein Kodierungssystem erfinden, ein Notationssystem, dass auch die dynamischen Formen der auszuführenden Bewegungen vorschreibt.

Ende des 17. und Anfang des 18. Jahrhunderts wurden für die Tänze am französischen Königshof (die keine Vorführungen im eigentlichen Sinn waren) bestimmte dynamische Konventionen entwickelt. Die Hauptbetonung war ein Beugen der Knie wie beim Knicks, gefolgt von einem relativ energischen Aufrichten des Körpers (Okamoto, 2008). Diese Bewegungen wurden notiert. Das akzentuierte »Auf« verleiht einem Minischub des Arousals eine angenehme Vitalitätsform.

Das klassische Ballett entwickelte seine eigenen Konventionen für Positionen, Schritte, Sprünge und so weiter. Im Laufe mehrerer Jahrhunderte entwickelte auch der Tanz ein Korpus allgemein anerkannter Elemente (Körperhaltungen etc.). Anders als für die Musik stand aber kein umfassendes standardisiertes Notationssystem zur Verfügung. Sofern sie nicht getanzt wurden, existierten die Tänze lediglich im Gedächtnis der Menschen, und diese Erinnerungen wurden mit der Zeit ungenau oder gerieten gänzlich in Vergessenheit. Eine Tanzschrift war also unverzichtbar. Mit der Entwicklung des modernen Tanzes und des Improvisationstanzes wurde das narrative Handlungsballett mit seinen konventionellen Positionen und Bewegungen von Tanzweisen verdrängt, die das Spiel der Vitalitätskräfte auf die Bühne brachten.

Rudolf Laban nahm sich des Problems an und wurde zum »Vater« einer Tanzschrift, der »Labanotation« (Laban und Lawrence, 1947; Laban, 1956). Er begann in den 1920er und 30er Jahren mit seiner Arbeit, also lange bevor man Videoaufzeichnungen anfertigen konnte. Noch heute verwenden viele Tanzkompanien die Labanotation in Verbindung mit Videoaufnahmen, weil es selbst dann, wenn man mehrere Kameras einsetzt, schwierig ist, die Bewegungen eines jeden Tänzers in sämtlichen Details einzufangen.

Laban wollte ein System entwickeln, mit dessen Hilfe jeder Tänzer, gleichgültig woher er kam und zu jedem beliebigen Zeitpunkt, einen technisch originalgetreuen Tanz reproduzieren konnte – ohne das Original je gesehen zu haben. Deshalb dachte er sich ein graphisches System aus, um die Positionen der Beine, Füße, des Rumpfes, der Arme, der Hände und des Kopfes sowie die Schritte, Bewegungen, Sprünge etc. schriftlich zu fixieren. Darüber hinaus enthält die Labanotation natürlich auch Anweisungen für die Richtung, die zeitliche Dauer und den Rhythmus jeder tänzerischen Aktivität. Diese Bezeichnungen bilden das Rückgrat. Gelesen wird die Laban-Schrift von unten nach oben; links, rechts und Mitte sind den Aufzeichnungen leicht zu entnehmen. Die Musik wird neben der vertikalen Schrift notiert.

Laban hatte auch ein Gespür für die »spirituell vitalisierende Wirkung« des Tanzes – eine Bewegungsausführung, die das innere Gefühl zu erfassen vermag – und für die Notwendigkeit, unterschiedliche, sogar individuelle Interpretationen (kurz, die Vitalitätsformen des Tanzes) zuzulassen und zu notieren. Um die Einzigartigkeit einer Interpretation einzufangen, musste er ihre Dynamik verschriftlichen und außerdem eine Methode finden, anhand deren eine rein technische Ausführung von einer kreativen Interpretation zu unterscheiden war. Diesen Unterschied illustriert ein Zitat aus Macaulays (2007) Bericht über eine Ballerina: »Tausende Tänzerinnen sind in der Lage, diese klassischen Schritte zu tanzen, aber wer legt sie uns in dieser Weise ans Herz?« Um dem Manko abzuhelfen, ergänzte Laban das Grundsystem um ein Repertoire an »Akzentzeichen« und Bezeichnungen für »Flüsse« und »Effekte«. Mithin werden für jede Bewegung drei Betonungsdimensionen notiert: stark–leicht, direkt–flexibel und gehalten–schnell. »Boxen« ist zum Beispiel eine starke/direkte/schnelle Bewegung, während »schweben« leicht/flexibel/gehalten ist. Diese und andere Akzentzeichen helfen, den »Fluss« der Bewegungen, den »Aktionscharakter eines ausgestalteten Motivs«, wie Laban selbst es nannte, zu erfassen.

Um die Vitalitätsform festzuhalten, kodierte Laban auch den »Initialimpuls« der Grundbewegung sowie einen »Vorbereitungseffekt« (die vorbereitenden Bewegungen) und weitere Merkmale.

Die Aufmerksamkeit, die Laban der Notation dynamischer Tanzmerkmale widmete, ist beeindruckend, denn in einem gewissen Sinn war sie gegenüber der Entwicklung einer Tanzschrift für die kategorialen Grundelemente (die Repertoireschritte) zweitrangig.

Manche dynamischen Eigenschaften kann man streng genommen nicht kodieren, weil es für sie weder eine Sprache noch ein Zeichensystem gibt. Dazu zwei aufschlussreiche Beispiele aus Jerome Robbins' choreographischer Arbeit. Robbins forderte eine Tänzerin auf, den Kopf abrupt um 90 Grad zur Seite zu drehen. Sie tat es, und es sah gut aus, entsprach aber nicht exakt dem, was Robbins sich vorgestellt hatte. Er bat sie: »Dreh den

Kopf so, als hättest du einen heftigen Schlag ins Gesicht bekommen.« Sie versuchte es, und die Wirkung war eine ganz andere als zuvor. Viele Tänzerinnen und Tänzer, mit denen Robbins gearbeitet hat, berichten, dass er sie anwies: »Mach es schneller … nur langsamer.«

Die Entwicklung des modernen Tanzes explodierte in den dreißiger Jahren des 20. Jahrhunderts, vor allem in Deutschland und den USA unter Choreographen wie Harald Kreutzberg, Yvonne Georgi, Doris Humphrey, Isadora Duncan und Martha Graham (siehe Jowitt, 1988). Sie wurden später, in den 1950-70er Jahren, zu wichtigen Inspirationsquellen für enthusiastische Experimente mit neuen Formen, in deren Mittelpunkt das dynamische Erleben an sich stand. Die Choreographen (neben vielen anderen zum Beispiel Merce Cunningham, Steve Paxton, Yvonne Rainer und Robert Wilson) suchten nach nicht-linearen, zufälligen, nicht-narrativen Ausdrucksmöglichkeiten und ließen sich durch Improvisationen und durch die Bewegungen und Objekte des Alltagslebens anregen. Für diese Veränderungen wurden aber keine neuen, systematisierten Tanzschriften entwickelt. Die Zusammensetzungen der Arbeitsgruppen wechselten häufig, und improvisierte, in aller Regel hochindividuelle Bewegungen sind schwieriger zu kodieren. Die Tänze wurden häufig während der Proben oder sogar unmittelbar während der Aufführung entwickelt. Kurz, ein neues Notationssystem war nicht zwingend erforderlich.

Die Vertreter des modernen Tanzes wurden zu Avantgardisten in der Erforschung der Bewegungsdynamik, der Dynamik des Erlebens und des Experimentierens mit Vitalitätsformen generell. Die Einflüsse, die sie direkt und indirekt ausgeübt haben, sind mannigfaltig und reichen insbesondere in alle non-verbalen, bewegungsgestützten Psychotherapien hinein, die mit den Vitalitätsformen arbeiten.

Warren Lamb (1965) hat mit seinem Werk eine Brücke zwischen den Künsten und den Verhaltens- und psychologischen Wissenschaften geschlagen. Beeinflusst von Laban und dem modernen Tanz, entwickelte er für die Arbeit mit den Formen dynamischen Erlebens viele neue Beschreibungen und Begriffe. Er zerlegte Bewegungen in zwei Hauptkategorien, nämlich in die *Haltung* einschließlich der kontinuierlichen Anpassung sämtlicher Körperteile und die *Geste*, die auf nur einen Teil des Körpers oder auf einen Körperteil beschränkte Aktivität. Dies ermöglichte es ihm, das Ineinanderfließen von Geste und Haltung zu untersuchen. Stellen wir uns jemanden vor, der einen Ball wirft. Wenn dieser Jemand ein Sportler mit guter Koordination ist, verschmilzt die Geste seines Arms mit den Anpassungen des Körpers, die diese Geste ermöglichen. Sie beginnen und enden gleichzeitig oder fließen nahtlos ineinander. Jemand, der noch nie zuvor einen Ball geworfen hat, wird wahrscheinlich lediglich die Armbewegung auszuführen versuchen oder nur die Körperhaltung verändern. Was er tut, sieht unbeholfen aus.

Andererseits kann auch die partielle Aufhebung der miteinander verschmelzenden Geste und Haltung eine verblüffende Wirkung erzielen. Zu beobachten ist dies häufig in der Komödie, besonders beim Slapstick. Auch im Drama weckt sie die Aufmerksamkeit der Zuschauer und zwingt sie, genauer hinzusehen. Sie kann dekonstruierend wirken; ein Beispiel dafür ist die Arbeit Robert Wilsons (Holmberg, 1996).

Lamb beschreibt diese beiden Kategorien auch im Hinblick auf die Energie/den Antrieb [effort] und die Form [shape], die immer variieren und einander entsprechen können oder nicht. Die Varianten von Energie und Form erzeugen unterschiedliche Vitalitätsformen, so dass man von Kraft, Geschwindigkeit, Verlangsamung, Beschleunigung, Antrieb, Stärke, Flexibilität etc. sprechen kann. Stellen wir uns zum Beispiel eine Ballerina vor, die im dramatischen Augenblick von der Seite her auf die Bühne eilen soll, um sich dort mit ihrem Liebsten zu vereinen. Sie betritt die Bühne im Takt mit der Musik. Es sieht banal aus. Dann weist der Choreograph sie an: »Warte einen halben Schlag, bevor du auftrittst, dann rennst du so los, dass du in dem Moment, in dem du bei ihm ankommst, genau im Rhythmus bist.« Nun plötzlich verspürt auch der Zuschauer ihren Elan, ihre Energie, ihr Bedürfnis, sich möglichst rasch mit ihrem Partner zu vereinen. Der Auftritt hat Dramatik bekommen. Die Tänzerin hat ein Ziel, dem sie unbeirrt zustrebt.

Viele Begriffe, in denen die Vitalitätsformen aufgehen, beziehen sich auf das Ineinanderfließen von Geste und Körperhaltung, auf die Korrespondenz von Energie und Form (zum Beispiel anschwellend, schrumpfend, sich ausbreitend, umklammernd, befreiend, haltend etc.). Von Belang ist all dies in den Künsten, in der Psychologie, am Arbeitsplatz, beim Sport und wo immer die dynamische Dimension des Erlebens eine Rolle spielt.

Steve Paxtons Arbeit über die »Kontaktimprovisation« macht ein anderes Notationssystem erforderlich, weil die »Aktion« in erster Linie die Dynamik der Herstellung und Unterbrechung des körperlichen Kontakts zwischen zwei in spontaner Bewegung begriffenen Körpern betrifft (Paxton, 1993, 2008). Dies lässt an das Geschehen in einer psychoanalytischen Sitzung denken, wie es sich abspielt, wenn man es unter dem Blickwinkel der relationalen Schule betrachtet: Man weiß nicht, was als nächstes passieren wird; jede Aktion wird quasi an Ort und Stelle von beiden Beteiligten gemeinsam hervorgebracht und hängt von dem unmittelbar vorangegangenen Geschehen ab.

Janet Goodridge (1999) hat ebenso wie andere Experten die dynamischen zeitlichen und rhythmischen Bewegungsmerkmale bei Tanz- und Theatervorführungen sowie zeremoniellen Darbietungen untersucht. Sie betrachtet den Rhythmus als einen Grundbaustein sozialer Bindungen, kultureller Stile und individueller Persönlichkeiten und spricht von den »Signatureigenschaften der Bewegungspersönlichkeit eines Individuums« (S. 129). Wir könnten diese Signatureigenschaften auch als einen Aspekt des individuellen Repertoires an Vitalitätsformen bezeichnen. Goodridge beschreibt außerdem typische Unterschiede der dynamischen Eigenschaften von Aufführungen in verschiedenen Kulturen (ein faszinierendes Thema, das den Rahmen dieses Buches sprengt).

Auf den Behandlungssektor haben Tanz und Musik in Gestalt der Tanz-, Bewegungs- und Musiktherapien, der Feldenkrais-Methode und so weiter Einfluss genommen. Viele Therapeuten dieser Schulen sind oder waren sowohl Tänzer bzw. Musiker als auch ausgebildete Kliniker. Sie nehmen die unzähligen Vitalitätsformen, denen sie in ihrer Arbeit begegnen, außerordentlich sensibel wahr. Obwohl sie Experten auf dem Gebiet der Dynamik sind, würden sie kaum je behaupten, »mit der Dynamik zu arbeiten«. Trotzdem tun sie ebendies besser als die meisten anderen.

Wir haben gesehen, dass Tänzer und Musiker bedeutende Anstrengungen unternommen haben, um die Eigenschaften, die Vitalitätsformen erzeugen, theoretisch zu fassen und entsprechende Notationssysteme zu entwickeln. Die Künste haben diesem Aspekt des Erlebens weit mehr Aufmerksamkeit gewidmet als die Psychologie, denn sie sind bestrebt, die Lebendigkeit und Vitalität menschlicher Bewegungen und Klangerzeugungen auszudrücken.

Theater

Theaterstücke werden in Echtzeit aufgeführt, doch die Handlung entfaltet sich in der Erzählzeit. Beide Zeiten ver- und entflechten sich abwechselnd. Um die Komplikationen eines narrativen Zeitstrahls zu vermeiden und die Aufmerksamkeit auf die aus den Erregungsprofilen hervorgehenden Vitalitätsformen zu konzentrieren, möchte ich einen kurzen Ausschnitt aus einem »Theaterstück« von Robert Wilson vorstellen. Es hat keine Worte und ist eine Art Tanztheater. Der Ausschnitt stammt aus »Bob's breakfast« (Wilson, Stern und Bruschweiler-Stern, 2009). In dem Stück hat Wilson die Erfahrungen verarbeitet, die er eines Vormittags während des Frühstücks machte. Es zeigt, wie er seine innere Welt imaginierter oder erinnerter Vorgänge auf die Bühne projiziert. Wie kommt diese Transposition zustande?

Wenige Stunden, nachdem Wilson im Bett gefrühstückt hatte, führten wir ein sehr detailliertes Interview mit ihm, ein »mikroanalytisches Interview« (siehe 7. Kapitel; siehe auch Stern, 2004). Wir baten ihn, zu berichten, was er beim Frühstück erlebt hatte. Aus der gesamten Frühstückserfahrung wurde ein Abschnitt – der in Echtzeit eine Dauer von etwa einer Minute hatte – ausgewählt. Alles, was er in dieser kurzen Zeitspanne erlebt hatte, wurde fragend ergründet: Bewegungen, Gedanken, Emotionen, Erinnerungen, Phantasien, Erinnerungslücken, körperliche Empfindungen, Veränderungen der Körperhaltung, was er sah, hörte und so weiter.

Es dauerte mehrere Stunden, um die wenigen Minuten gelebter Erfahrung in allen Einzelheiten zu erfassen. Danach haben wir Wilson zu seiner eigenen Überraschung gebeten, aus seiner Frühstückserfahrung ein Theaterstück zu machen. Wir erhielten also nicht nur einen Bericht über sein persönliches, subjektives Erleben, sondern konnten überdies dessen Projektion auf eine öffentliche Bühne betrachten. Der folgende Ausschnitt ist dem Theaterstück entnommen. Sämtliche Aktionen, die das Publikum sehen oder hören kann, sind fett gedruckt, alle Kommentare kursiv.

In den Kulissen ertönt ein Glöckchen: »Kling«

Es aktiviert unser Nervensystem und weckt unsere Aufmerksamkeit.

Ein Schauspieler läuft, von links aus den Kulissen kommend, mit mäßiger Geschwindigkeit nach vorn auf die Bühne. Er beginnt, die Bühne entgegen dem Uhrzeigersinn zu umkreisen. Seine Arme scheinen weniger stark vor- und zurückzuschwingen, als es in Anbetracht seiner weit ausgreifenden Schritte und seines Tempos zu erwarten wäre.

Irgendetwas ist vom ersten Moment an ungewöhnlich. Wohin geht er? Und warum schwingt er seine Arme nicht so, wie es für jemanden, der richtig rennt, normal wäre? Seine sonderbare Armhaltung stachelt unser Interesse an, das Arousal steigt, unsere Neugier ist geweckt. Doch seine Beine bewegen sich, während er läuft, normal. [Körperhaltung und Geste bilden, mit Lamb formuliert, keine Einheit.]

Der Läufer dehnt seine Kreise weiter aus.

Dies ist kein gewöhnliches Laufen mehr. Dennoch findet eine rasche Vorwärtsbewegung statt. Wir nehmen diese Vorwärtsbewegung als solche wahr. Sie wird zur Darbietung einer Vorwärtsbewegung. Sie macht uns bewusst, wie eine Vorwärtsbewegung sich anfühlt. Er läuft nicht irgendwohin, er läuft einfach. Und er rennt nicht, sondern bewegt sich einfach vorwärts. Wir haben es mit den Wesensmerkmalen der Dynamik zu tun. Wir beobachten »Vorangehen«, »Irgendwo-Hingelangen«, und dass wir es beobachten können, ist den Vitalitätsformen zu verdanken.

Mit wachsender Geschwindigkeit zieht der Läufer sieben enger werdende Kreise.

Nach mehreren Kreisen wird das Laufen langweilig, das Arousalniveau sinkt wieder; die Aufmerksamkeit der Zuschauer lässt nach und verlagert sich vom Läufer auf den Hintergrund, den zu beachten sie bislang keine Zeit hatten. Zu sehen sind dort eine Hängeleiter, ein Henkersbaum, ein hölzerner Divan und ein Stuhl. Der Hintergrund rückt in der Wahrnehmung des Zuschauers nach vorn. [Wilson baut oft absichtlich Langeweile ein: Er dämpft das Arousal, um es danach wieder aufzubauen oder um das Wahrnehmungsfeld zu verändern.]

Die gesamte Szene wird von einem schräg einfallenden Lichtstrahl erhellt und wirkt sehr luftig.

Auf die Hängeleiter fällt spezielles Licht. Und der Henkersbaum wird von oben beleuchtet, so dass sich sein Schatten auf den Bühnenboden legt. Die Aufmerksamkeit gilt nun nicht mehr der Aktion, sondern dem Schauplatz. Wilson choreographiert Veränderungen unserer Aufmerksamkeit, unseres Arousals und unseres dynamischen Erlebens.

Der Läufer nimmt Tempo auf, gleichzeitig werden seine Kreise immer enger.

Diese Temposteigerung lenkt unsere Aufmerksamkeit erneut auf den Läufer. Sie entspricht einem musikalischen Accelerando. Wir erleben einen leichten Arousalschub. Irgendetwas wird gleich passieren. Er will auf etwas hinaus, daran besteht kein Zweifel. Die Aktivität baut sich zu einer Krise auf. Einer großen Krise? Einer Minikrise? Einer einfachen Auflösung? Wir wissen es nicht. Das Arousal steigt höher. Eine neue Vitalitätsdynamik hat sich durchgesetzt. Der Läufer bleibt stehen.

Seine Arme hängen seitlich am Körper herunter, aber er streckt seine Hände, mit den Handflächen nach unten, horizontal zur Seite. Sein Blick, vom Divan abgewandet, ist auf den Bühnenhintergrund gerichtet. Er steht völlig reglos, wie erstarrt, da.

Das abrupte Abbremsen löst die kurze Krise der Geschwindigkeitsbeschleunigung auf. Allerdings nicht vollständig. Die Bewegung wird durch Reglosigkeit als Regulator des Arousals ersetzt. Das plötzliche Innehalten erhält, weil es unmittelbar aus der Bewegung heraus erfolgte, besonderes Gewicht. Wir haben einen neuen semi-stabilen Punkt erreicht, mitsamt einem anderen Arousalzustand und einer anderen Vitalitätsform.

Mit andauernder Erstarrung löst sich die Krise des abrupten Innehaltens auf, die Reglosigkeit aber ist instabil. Erneut baut sich Spannung auf. Er kann in der Bewegungslosigkeit nicht verharren. Sie muss ebenfalls aufgelöst werden. Die Spannung hält infolge der verlängerten Dauer der abgebrochenen Bewegung an.

Wir sind in Schritten oder Zyklen steigender Spannung vorbereitet worden. Nun muss etwas geschehen.

»Kling« (in den Kulissen).

Unsere Aufmerksamkeit ist abermals geweckt, bereit, sich etwas anderem zuzuwenden.

Unmittelbar nach dem »Kling« schwingt der Darsteller abrupt den Kopf zur anderen Seite und betrachtet den Divan. Dann hebt er langsam die seitwärts gestreckten Arme.

Der Läufer betrachtet etwas. Zum ersten Mal gibt es einen klaren Fokus. Und wir sehen den Divan nun wie zum ersten Mal. Der gesamte Raum hat eine andere Gestalt angenommen. Mit Wilsons eigenen Worten: Der Darsteller »bezeugt für das Publikum«, dass Fokus und Raumgestalt sich gewandelt haben. Wir spüren die Dynamik bewegter Aufmerksamkeit.

Der Darsteller hält seine Pose.

Er kann nicht ewig in dieser Haltung verharren. Welche Aktivität wird die Bewegungslosigkeit ablösen? Erneut wird eine Krise vorbereitet, und das Arousalniveau steigt.

»Kling«

Wir stehen unmittelbar vor einem Neuanfang. Die Drehung des Kopfes und das Betrachten des Divans zwischen dem zweimaligen Klingeln des Glöckchens ist eine Art Übergang, der die beiden Hauptereignisse miteinander verbindet.

Er vollführt eine langsame Bewegung in Richtung Divan; er ist auf der Hut, so als sei der Divan heilig oder gefährlich. Eine neue Krise baut sich auf.

Mit drei wie in Zeitlupe ausgeführten Schritten, bei denen er die Knie, als müsse er über ein Hindernis steigen, hoch anhebt, nähert er sich dem Divan. Begleitet wird dies von einem Crescendo lauter, zischender Geräusche, die an ein Ausatmen erinnern.

Die Spannung wächst.

Mit seinem vierten Schritt grätscht er über den Divan und lässt sich mit gespreizten Beinen sehr langsam auf ihm nieder. Dann legt er sich auf den Rücken und streckt sich aus.

Die Spannung, die diese sonderbare Annäherung an den Divan und das langsame Niederlassen begleitete, hat sich nach und nach aufgelöst. Langsam sinkt das Arousal. Wir entspannen uns.

Das Theaterstück geht weiter ...

Das gesamte Stück besteht wie ein moderner Tanz aus Kontraktions- und Entspannungszyklen, Krisen und ihrer Auflösung, aus Spannung und Entspannung und aus Veränderungen der Vitalitätsformen, insbesondere aus Variationen des Spannungsaufbaus und -rückgangs. Diese Wellen tragen und transportieren das Drama. Sie sind das »Fleisch des Narrativs«. Sie rollen eine nach der anderen an, mehrere pro Minute. Sie sind nicht mit den langen Ozeanwogen der Krise und der Katharsis einer Shakespeareschen Tragödie zu verwechseln. Sie sind keine »Inhaltswellen«, sondern kurze »Prozesswellen« des dynamischen Erlebens, Wellen von Vitalitätsformen, die die sich entfaltende Anmutung einer psychischen Landschaft entstehen lassen.

Was das Transponieren von Nachsinnen oder Grübeln in theatralisches Agieren anlangt, so haben viele dieser »Übersetzungen« mit Vitalitätsformen zu tun, die gewissermaßen den roten Faden spinnen. Als Wilson während seines Frühstücks im Bett saß, lehnte er immer wieder den Kopf zurück ans Kissen und schloss dabei die Augen. Dann hob er den Kopf wieder an. Dies war die typische Art, in der er zu sich selbst sagte: »Klär die Sache und mach dann weiter.« Weil dieser kleine Akt auf der Bühne leicht hätte verlorengehen können, verwandelte ihn die »Übersetzung« in das Klingeln des Glöckchens. Es verändert das Arousal und die psychische Verfassung der Zuschauer und bereitet sie auf das kommende Geschehen vor.

Während seines realen Frühstücks hatte Wilson den Eindruck, dass seine Gedanken keinen Endpunkt fanden. Sie schweiften umher, ohne irgendwo anzukommen. Auf der Bühne »übersetzt« er die Anmutung dieses Denkprozesses, indem er als Darsteller im Kreis läuft, ohne anzukommen, bis er schließlich innehält und zu einer wenngleich instabilen Lösung findet.

Auf diese Weise gelangt Wilson von der Vitalitätsdynamik der schweifenden Gedanken beim Frühstück zur Vitalitätsdynamik der körperlichen Bewegung auf der Bühne.

Kino

Das Kino ist die ultimative gemischte Kunstform. Es kann Vitalitätsformen mittels seiner eigenen einzigartigen Möglichkeiten erzeugen, gleichzeitig aber auch durch alle anderen Kunstformen, die unter seinem Dach Platz finden – durch die Musik, die Bewegung und Gestik der Darsteller, durch Theatereffekte, visuell-szenische Effekte, Sprache und Erzählung. Sie alle können auf verschiedensteWeise miteinander kombiniert werden. Das Kino verfügt zudem über Techniken, die exklusiv dem Medium Film vorbehalten sind und die dynamische Anmutung des Erlebens prägen. Wir beschränken unsere Erläuterungen hier auf die kinospezifischen Merkmale der Vitalitätsformen.

Die folgenden Betrachtungen stützen sich weitgehend auf Raymond Bellours Arbeit, und zwar vor allem auf seine Analyse »System of a Fragment (on *The Birds*)« [»System eines Fragments (über *Die Vögel*)«] (Bellour, 1979). Besonders interessant ist, dass Bellour Mikroanalysen von Filmen vornimmt, wobei er mit Einheiten von jeweils wenigen Sekunden Dauer arbeitet und all die Techniken benutzt, mit deren Hilfe Säuglingsbeobachter die »normale Choreographie« zwischen Müttern und ihren Babys analysieren – Standbilder, Wiederholungen, schneller Vorlauf und Zeitlupe (Stern, 1971, 1977, 1985).

Einige terminologische Erklärungen bezüglich der technischen und strukturellen Elemente des Kinos mögen von Nutzen sein. Ein »Bild« [»frame«] ist ein einzelnes Standbild. Wenn eine Serie von (zumeist leicht unterschiedlichen) Standbildern in Miniabständen von Sekundenbruchteilen gezeigt wird (bei den meisten älteren, traditionellen Filmen alle 1/24 Sekunden), ist das Resultat, das wir sehen, ein sich kontinuierlich bewegendes Bild (»movies«). Dieses bewegte Bild nennt man »Einstellung« [»shot«]. Die Dauer solcher Einstellungen beträgt durchschnittlich mehrere Sekunden, kann allerdings erheblich variieren. Eine Einstellung bildet gewöhnlich, aber nicht immer, die psychologische Grundeinheit eines Filmes (Deleuze, 1969; Metz, 1974; Bellour, 1979). Sie entspricht einem »Gegenwartsmoment«, einer Gestalt aus zahlreichen sequentiellen Elementen und von zumeist 1 bis 10 Sekunden Dauer; diese Gestalt erzeugt eine Vitalitätsform, die von unserem Bewusstsein als ein »Ganzes« aufgenommen werden kann (Stern, 2004). Einstellungen beginnen und enden in der Regel mit einem Wechsel des Themas, der Personen, des Ortes, der Zeit, der Kamerabewegung, des Blickwinkels oder der Entfernung. Mehrere irgendwie zusammenhängende Einstellungen bilden eine »Sequenz«, einen »Ausschnitt« oder eine »Szene«. Und nun zum eigentlichen Thema.

Welche Möglichkeiten zur Erzeugung von Vitalitätsformen stehen allein dem Kino zur Verfügung?

Eines solcher filmspezifischen Instrumente ist die Art und Weise, wie die Kamera ein Bild einfängt. Sie kann ihr Objekt aus der Nähe oder Ferne aufnehmen (Totale, Halbtotale, Halbnahe, Großaufnahme). Die Entfernung hat Ähnlichkeit mit der Intensität. Je näher die Kamera heranfährt, desto schärfer wird die Aufmerksamkeit fokussiert und desto höher steigt das Arousal. Großaufnahmen liegt eine typische Wucht inne, weil sie unsere Körpergrenzen verletzen und unsere Wohlfühlzone ignorieren. Sie lösen eine Arousalschub aus, der den Körper auf irgendeine Form der Aktion (Berührung, Kuss, Schlag, Zurückweichen etc.) einstellt. Darüber hinaus kann die Kamera die Distanz zu ihrem Objekt verändern und ihm immer näher kommen, ohne dass sich dadurch an dem Objekt selbst irgendetwas veränderte. Dies entspricht einem Crescendo in der Musik, einer Steigerung der Lautstärke. Die Wirkungskraft hängt vom Tempo dieser progressiven Veränderung ab. Das Gegenteil gilt für das Decrescendo der Kamerabewegung, also für die progressive Entfernung, die wie ein Zurücktreten anmutet und ein Nachlassen der Spannung, eine psychische »Distanzierung«, bewirkt – eine charakteristische Vitalitätsform.

Die Kamera kann still stehen – das Ergebnis ist eine statische Einstellung –, oder sie kann sich bewegen und der Handlung nachfolgen. Das heißt, es gibt nicht nur die Variante Totale-Großaufnahme, sondern auch die Variante Statik-Bewegung. In vielen Situationen (siehe unten) wechselt die Kamera zwischen Aufnahmen aus der Nähe und aus der Ferne, zwischen Stillstand und Bewegung und vor allem natürlich zwischen den Objekten, die das Bild zeigt. Bellour bezeichnet dies als »Syntagma wechselnder Narrationen«. Dadurch kann eine Vielfalt an Wirkungen erzielt werden. Es erzwingt eine exklusive Fokussierung auf einen bestimmten Ausschnitt aus dem gesamten Filmgeschehen. Die Kamera kann sich zum Beispiel nur auf das Gesicht eines Schauspielers richten, der irgendetwas, das sich nicht im Blickfeld der Kamera und somit des Zuschauers befindet, beobachtet. In der nächsten Einstellung sieht der Betrachter zwar, was geschieht, nicht aber das Gesicht des gleichfalls beobachtenden Schauspielers. (Mit diesem Effekt lässt sich spielen und experimentieren.) Anschließend kann die Kamera abwechselnd zwischen beiden hin- und herschwenken. (In der Musik oder im Tanz ist dies unmöglich. Die periphere Aufmerksamkeit oder Unaufmerksamkeit kann das »Nicht-im-Bild-Sein« nicht ersetzen.) Wenn der Zuschauer das Gesicht des beobachtenden Schauspielers sieht, weiß er nicht, was in der alternativen Einstellung passiert. Er kann es sich lediglich ausmalen. Schwenkt die Kamera zu dem Geschehen zurück, weiß er nicht, welche Spuren das Gesehene auf dem Gesicht des Schauspielers hinterlässt. Im Zuschauer können dadurch präzisere Erwartungen, aber auch Erwartungsverletzungen erzeugt werden – mitsamt den sie begleitenden Auswirkungen auf das Arousal und die Spannungsmodulation.

Auch Bildmontage und Schnitt können Spannung aufbauen, indem sie die Einstellungswechsel beschleunigen. Dies entspricht einem Accelerando in der Musik. Dabei wird das Tempo der Einstellungswechsel vom Zuschauer intuitiv berechnet, so dass der Moment der Krise, der Begegnung oder der Kollision für ihn leicht vorhersehbar ist. Wenn dieser Moment näher kommt, kann uns der Regisseur durch exponentielle Beschleunigung des Tempos regelrecht aus den Sitzen heben; alternativ kann er mit unserer Erregung spielen, indem er das Tempo verlangsamt und den erwarteten

Endpunkt auf mancherlei Weise hinauszögert. Das Timing der Vitalitätsform und der Handlungsgang können sich aber auch kontrapunktisch zueinander verhalten. All diese Techniken sind Spiele mit unterschiedlichen Vitalitätsformen.

Nun zu einem kurzen Beispiel aus Bellours Analyse von Hitchcocks Film *Die Vögel.* Wir konzentrieren uns auf einen sehr kleinen Ausschnitt aus Bellours weit ausgreifender und detaillierter Untersuchung und reduzieren sie sozusagen auf das nackte Skelett. Wir greifen einzig das Thema der bevorstehenden Begegnung zwischen einem Mann und einer Frau heraus und betrachten nichts anderes als das Arousal und seine Vitalitätsformen.

Was bisher geschah: Melanie und Mitch haben sich kurz zuvor auf einer Party kennengelernt und fühlten sich zueinander hingezogen. Sie möchte ihn wiedersehen. Unter dem Vorwand, seiner kleinen Schwester ein Geburtstagsgeschenk (Turteltauben) machen zu wollen, fährt sie zu einer kleinen Bucht, steigt in ein Ruderboot mit Außenbordmotor, das dort am Pier liegt, und fährt über die Bucht zu Mitchs Haus. Sie trifft niemanden an. Sie deponiert ihr Geschenk und schickt sich an, über die Bucht zurückzukehren. Unterwegs erblickt sie Mitch in seinem Auto. Er ist auf dem Heimweg und sieht, wie sie sich auf dem Wasser entfernt. Als Zuschauer sind wir bereits auf eine mögliche Begegnung eingestellt. Dieses Narrativ ist vorbereitet. Die Frage lautet, wie Hitchcock unser Erleben der Dynamik konturieren wird, damit die Begegnung, sobald sie stattfindet, dynamisch ausgestaltet ist. Hier meine Kurzversion des Vorspiels, bar all der übrigen Themen, die zur Darstellung gelangen (vgl. Bellour, 1979, S. 44-47).

> *63. Einstellung.* Wir sehen Mitchs Haus aus mittlerer Entfernung vom Wasser aus, wo sich Melanies Boot befindet. Er verlässt seine Einfahrt (um sie an ihrer Anlegestelle zu treffen). Die Kamera begleitet seine Bewegung. Er ist in Aktion. Melanie sehen wir nicht.
>
> *64. Einstellung.* Wir sehen Melanie, die zu dem Auto hinüberschaut. Die Kamera zeigt sie von der Taille an aufwärts. Mitchs fahrendes Auto ist für uns nicht zu sehen.
>
> *65. Einstellung.* Eine lange Einstellung, in der die Kamera erfasst, was auch Melanie sieht – Mitchs Auto, das um die Bucht herumfährt und ihre Anlegestelle ansteuert.

66. Einstellung. Eine weitere Einstellung von Melanie, die Mitchs Auto beobachtet *[die wechselnde Narration].* Doch inzwischen hat sich die Kamera ihr genähert; ihr Bild ist größer. Wir sehen sie im Halbporträt, von der Büste aufwärts. *[Ist diese wachsende Größe der Anfang eines Crescendos der Macht der Gefühle – das Vorspiel zur Begegnung?]*

67. Einstellung. Erneut Mitch, der in seinem Auto um die Bucht herum fährt. Diesmal erfasst ihn die Kamera aus wesentlich größerer Nähe. Er fährt auf sie zu. *[Werden zwei Crescendi parallel geführt, wie in einem Duett?]*

68. Einstellung. Abermals Melanie im Boot. Man hätte vermuten können, dass sie, je näher die Begegnung mit Mitch rückt und je stärker die damit verbundenen Gefühle werden, immer größer ins Bild käme. Aber wir bekommen sie nicht in einer Großaufnahme zu sehen. *[Ist dies eine Unterbrechung der auf die Begegnung hinführenden Progression? Wurde die Progression aus irgendeinem Grund vorübergehend aufgehoben?]*

69. Einstellung. Mitchs Auto ist nun wesentlich näher gekommen. Die Kamera vollzieht seine Annäherung nach.

70. Einstellung. Wir sehen wiederum Melanies Gesicht, nun in Nahaufnahme. Sie hält weiterhin Ausschau. Diese Einstellung nimmt die Progression ihres Näherkommens wieder auf und verstärkt damit erneut die Wucht ihrer Präsenz und ihrer Erwartung.

71., 73. und 75. Einstellung. Mitch nähert sich und erreicht den Anleger.

72., 74. und 76. Einstellung. Wieder sehen wir Melanies Gesicht in Nahaufnahme, aber nicht größer als vorher. Die Progression steht still. *[Passiert noch etwas anderes?]*

Einstellungen 77, 78. und 79. Ein Vogel schießt vom Himmel auf Melanie herab und verletzt sie am Kopf. Das regelmäßige Wechseln der Kamera zwischen Melanie und Mitch wurde ebenso unterbrochen wie die auf ihre Begegnung hinführende Progression. Ein völlig neues Thema wurde eingeführt, welches das Begegnungsthema in den Hintergrund drängt. Erst in der 84. Einstellung treffen Melanie und Mitch zusammen – aber nun steht ihre Begegnung unter dem Thema der Vögel.

Das Skelett der Erzählung wurde mit Fleisch versehen, es wurde mit wirkmächtigen Vitalitätsformen angereichert.

Diese Verwendung von Bellours Arbeit ist nur eines von zahlreichen möglichen Beispielen für die einzigartigen Möglichkeiten des Films, die dynamische Anfühlung des Erlebens hervorzurufen. Entscheidend ist, dass der Film seine eigenen Techniken besitzt, um Vitalitätsdynamik zu erzeugen. Wenn sie mit der Vitalitätsdynamik kombiniert werden, die die gleichzeitig zum Einsatz kommenden übrigen Modalitäten hervorrufen, können sie eine außerordentliche Wirkung erzielen. Wagners »Gesamtkunstwerk« ist zu erahnen.

Zusammenfassend können wir festhalten, dass jede Kunstform ihre eigenen Methoden entwickeln musste, um dynamische Vitalitätsformen zu kodieren. Die Künste behandeln die Vitalitätsformen als meta-modale Phänomene. Diese Gemeinsamkeit ist es, die Künstler verschiedenster Richtungen zur Kooperation anregt. Und schließlich findet jede Kunstform ihre eigenen unverwechselbaren Techniken, um Vitalitätsformen zu erzeugen, die im Wesentlichen allen gemeinsam sind. Dynamische Erfahrungen sind wesentliche Aspekte dessen, was die Kunst – und das Leben – ausmacht. Dass die Künste lange Zeit Pionierarbeit in der Erforschung der dynamischen Dimension des menschlichen Erlebens geleistet haben, ist interessant, aber auch nicht allzu verwunderlich, wenn man bedenkt, dass sich die Vitalitätsformen sprachlich oder mathematisch nicht ohne Weiteres fassen lassen. Darüber hinaus verlieren sie in einer solchen Beschreibung – die gleichwohl möglich ist – einen Großteil ihres evokativen Potentials.

Dritter Teil

Implikationen für die Entwicklung und die Psychotherapie

6. Kapitel

Wann entstehen Vitalitätsformen? Eine Entwicklungsperspektive

Es ist wenig sinnvoll, Babys zu behandeln oder auch nur über sie nachzudenken, ohne das Arousal, die Bewegung und ihre Dynamik ins Zentrum zu rücken. Dies gilt vor allem, wenn man sich mit dem Verhalten von Föten sowie frühgeborenen und neugeborenen Säuglingen beschäftigt. Häufig wird die Reizempfänglichkeit, auf die sich die klinische Literatur vorrangig konzentriert, mit Vitalitätsformen verwechselt. Unser Augenmerk richtet sich auf die subjektiven Aspekte von Arousalschwankungen und Vitalitätsformen. Wir beginnen chronologisch mit dem objektiv zu beobachtenden Verhalten, das heißt, mit der körperlichen Bewegung. Unsere Darstellung bleibt notgedrungen selektiv.

Der normale Fötus

Bewegungen setzen schon in einem sehr frühen Entwicklungsstadium ein. Dies bestätigt die Überlegung, dass sie ebenso wie die Arousalsysteme in der Ontologie primär sind. Aktive Beugungen des Rückgrats werden häufig schon ab der 5. oder 6. Schwangerschaftswoche beschrieben. Wahrscheinlich sind die Arousalsysteme zu diesem Zeitpunkt bereits aktiv. Durch Arousal ausgelöstes Verhalten kann verlässlich ab der 10. Schwangerschaftswoche beobachtet werden (de Vries, Visser und Prechtl, 1982, 1984; Piontelli, 2001, 2002, 2007). Es ist daran zu erinnern, dass der Kortex in dieser Entwicklungsphase nur aus einer dünnen Zellschicht besteht.

Folglich kann noch kein Verhalten auf kortikale Aktivität zurückgeführt werden.

Alessandra Piontelli unterteilt die fötalen Verhaltensweisen, die man in den ersten Schwangerschaftsmonaten beobachten kann, in drei Hauptgruppen: »allgemeine Bewegungen«, »partielle Bewegungen« und »spezifische Bewegungen«. Zu den allgemeinen Bewegungen zählt sie die relativ langsamen, tanzähnlichen, nicht-zielgerichteten Drehungen des Kopfes, Rumpfes, der Arme und der Beine; sie dauern wenige Sekunden. Der ganze Körper wird von ihnen erfasst. Diese Bewegungen sind bis zur 13. Schwangerschaftswoche häufig, werden dann seltener und treten nach der 17. Woche nur noch gelegentlich auf.

Als »partielle Bewegungen« definiert Piontelli diskrete, gestenähnliche Bewegungen einzelner Körperteile, etwa das Berühren der Nabelschnur oder des Gesichts oder anderer Körperteile mit der Hand, Kopfdrehungen und das Öffnen des Mundes. Diese Bewegungen wirken zielgerichtet. Zwischen der 10. und 12. Woche treten sie selten auf, bis zur 14. Woche häufiger und wesentlich öfter als die allgemeinen Bewegungen.

Diese allgemeinen und partiellen Bewegungen sind nicht stereotyp, sondern offenbar lose koordiniert [soft assembled], denn der Fötus führt sie je nach der Position, die er im Uterus gerade einnimmt, unterschiedlich aus. Dies ist deshalb wichtig, weil wir annehmen, dass es sich nicht um Reflexe handelt, sondern um das Ergebnis einer spontanen Aktivität in den Arousalzentren, die je unterschiedliche Teile des Körpers aktiviert; deren Bewegungen werden dann mit minimal variierenden Mustern, je nach den aktuellen physischen Bedingungen, ausgeführt.

Als »spezifische Bewegungen« definiert Piontelli das Zusammenzucken oder Zusammenschrecken des ganzen Körpers [startles], Schluckauf, Schlucken und atmungsähnliche Bewegungen. Das Zusammenzucken ist besonders interessant. Es wird spontan im Hirnstamm erzeugt (Prechtl, 1984) und ist bis zur 13. Woche das häufigste Verhalten. In diesen frühen Wochen werden die allgemeinen Bewegungen laut Piontelli durch ein vorangehendes Zusammenzucken »angetrieben«, so als benötige die allgemeine Bewegung Starthilfe in Form eines Arousalschubs, der sich im Zusammenschrecken des Körpers manifestiert. Partielle Bewegungen hingegen treten ohne vorausgehendes Zusammenzucken auf (Prechtl, 1984).

Doch wo findet sich in all dieser staunenswerten Motorik ein Hinweis auf das Erleben von Vitalitätsformen? Einen Fingerzeig geben Beobachtungen, die auf eine gewisse Intentionalität schließen lassen. Allerdings wirken diese frühen Bewegungen »ballistisch«, wie »hingeworfen«, weil der initiale Bewegungsimpuls sich plötzlich auflöst oder ohne Kurskorrektur oder -änderung abbricht. Und im Sinne eines zu erreichenden Zieles gibt es ohnehin keinen Kurs. Zu Anfang existiert keine Intentionalität. Es gibt jedoch einen Endpunkt, den die Anatomie oder die Umwelt festlegt. Wenn sich die Beine strecken oder wenn sie treten, wird ihre Extension durch ihre Länge begrenzt (und die Beine sind, verglichen mit einem älteren Fötus, noch sehr kurz) oder durch die Uteruswand. Darüber hinaus nimmt das Fruchtwasser der ballistischen Aktion die Wucht.

Um die 16. Schwangerschaftswoche herum werden die begrenzten Bewegungen, vor allem die Arm- und Beinmotorik, deutlich fließender, so als gebe es ein Ziel, an das sie sich anzupassen versuchen. Wenn der Fötus eine Hand zum Gesicht führt, wirkt die Bewegung nicht mehr ruckartig, »geworfen«, sondern zielorientiert; ihre Geschwindigkeit nimmt ab, je näher die Hand dem Gesicht kommt. Offensichtlich stellt sich nach und nach eine prospektive Bewegungskontrolle ein (Zoia et al., 2007). Die Mutter eines 18 Wochen alten Fötus kam zwei Wochen nach ihrer letzten Ultraschalluntersuchung (16. Woche) zu einer weiteren Untersuchung in die Klinik. Die Schwangerschaft verlief normal. Kaum hatte sie ihr Kind auf dem Monitor erblickt, erklärte sie, dass sich die Bewegungen des Fötus verändert hätten und nun wesentlich sanfter und fließender seien (Piontelli, persönliche Mitteilung).

Zu diesem Zeitpunkt bewegt man sich auf festerem Boden, wenn man sagt, dass die fötale Aktivität von »einer Intention« oder einem »kurskorrigierenden Mechanismus« gesteuert werde. Jetzt erst können wir die Vitalitätsformen in Betracht ziehen. Damit jedoch differenziertere Vitalitätsformen auftauchen können, sind die weitere Reifung höherer Hirnzentren und eine dichtere Interkonnektivität erforderlich.

Die Frage, wo wir im zentralen Nervensystem suchen müssten, um die auftauchenden Vitalitätsformen zu finden, ist vorerst nicht zu beantworten. Propriozeption, zielgerichtete Intentionalität und Prävitalitätsformen entstehen wahrscheinlich gemeinsam und bleiben lebenslang miteinander verbunden.

Zusammenfassend bleibt also festzuhalten, dass wir nicht wissen, wann sich die Vitalitätsformen (und die gefühlte Lebendigkeit) zu entwickeln beginnen. Bewegung, propriozeptive Wahrnehmung und Intentionalität sind allesamt ausschlaggebende Elemente. Wir wissen aber nichts darüber, wann der integrative Sprung zu einer Gestalt erfolgt, die das subjektive Erleben von Vitalität ermöglicht.

Gegen Ende des dritten Schwangerschaftstrimesters gibt uns ein anderes Phänomen Hinweise auf das Auftauchen von Vitalitätsformen. Wenn der Fötus im sechsten bis siebten Schwangerschaftsmonat äußere Geräusche wahrzunehmen beginnt, wird ihm – beziehungsweise dem Bauch der Mutter – täglich bis zur Geburt eine bestimmte Melodie vorgespielt (Experiment 1) oder aber die Tonbandaufnahme einer von seiner Mutter gesprochenen festgelegten Wortfolge (Experiment 2). Nur wenige Stunden nach der Geburt zeigt das Neugeborene, dass es die Melodie oder die Stimme, die ihm während der Schwangerschaft vorgespielt wurde, wiedererkennt (DeCasper und Fiver, 1980; DeCasper und Spence, 1986). Das bedeutet, es hat sie in utero tatsächlich wahrgenommen, in seinem Gedächtnis abgespeichert und kann die Erinnerung nun irgendwie abrufen. Dies setzt ein gewisses intra-uterines Gewahrsein und eine Repräsentation der Vitalitätsform des gehörten Klangs voraus. Wenn das Baby als Fötus und Neugeborenes nicht auf die Vitalitätsformen achtete, könnte es eine bestimmte Stimme (nämlich die seiner Mutter) nicht von den Stimmen anderer Frauen unterscheiden, die in derselben Tonlage exakt dieselben Worte sprechen. Genau diese Fähigkeit aber stellt es unter Beweis.[12]

Zu ganz ähnlichen Ergebnissen gelangt die Untersuchung der Ontogenese des Schlafs von Früh- und Neugeborenen. Wichtig ist hier vor allem, dass die sich herausbildenden Zyklen von Aktivität und Ruhe das Ergebnis »allgemeinen Arousals« sind und dass sie nicht über die »spezifischen aufsteigenden Bahnen« vermittelt werden, die wahrscheinlich die oben erwähnten »partiellen Bewegungen« steuern. Diese größeren Muster sind endogen; ihre Organisation setzt vor der 30. Schwangerschaftswoche ein (Parmelee und Stern, 1972; Prechtl, 1984; Anders und Keener, 1985).[13]

---

[12] Stimmen weisen mehrere prosodische Unterscheidungsmerkmale auf, zum Beispiel das Timbre. Unterschiede in den Vitalitätsformen sind sogar dann auszumachen, wenn dieselben Wörter in derselben Tonhöhe artikuliert werden. Komplizierter verhält es sich im Falle unterschiedlicher Melodien.

[13] Das Timing der Schlaf-Wachheitszyklen entwickelt sich unter dem Einfluss der Umwelt aus den Ruhe- und Aktivitätszyklen. Schlafschwierigkeiten sind der Anlass für die meisten Arztbesuche in den ersten beiden Lebensjahren. Sie können zahlreiche mögliche Ursachen haben, zum Beispiel Störungen in der Beziehung zwischen Mutter und Baby, vor allem Bindungsprobleme, sowie Eheprobleme, emotionale Dysregulation, Temperament, kulturelle Praktiken, das äußere

Kurz, die Geschichte des fötalen Verhaltens ist zu einem recht großen Teil die Geschichte der Entwicklung der Arousalsysteme und ihrer Initiierung von Bewegung und Zustandsveränderungen. Diese bereiten den Boden, auf dem sich später die Vitalitätsformen entfalten werden.

Der frühgeborene Säugling

Heidelise Als et al. (1994), Tiffany Field (2003) und andere Autoren haben den Neonatologen die besonderen Schwierigkeiten vor Augen geführt, die frühgeborene Säuglinge mit der Reizverarbeitung und Arousaltoleranz haben. Sie konnten dank gründlicher Beobachtungen und Auswertungen anhand von Berry T. Brazeltons »Neonatal Assessment Scale« (siehe unten) nachweisen, dass die herkömmlichen Säuglingsintensivstationen auf die niedrigen Arousalschwellen der Frühchen keine Rücksicht nehmen: Das Licht ist zu grell, die Geräusche sind zu laut; gleichermaßen überwältigend ist die taktile und kinästhetische Stimulierung. So ist zum Beispiel der Dezibelpegel in den Brutkästen extrem hoch, vor allem wenn das Baby nicht selbständig atmet und jeder Atemzug vom Zischen der Maschine begleitet wird; die Lichter brennen rund um die Uhr, damit das Personal die Säuglinge beobachten kann; Schwestern und Ärzte kommen und gehen, weil sie die Visite und deren Dauer mit ihrem eigenen Zeitplan und Arbeitsprogramm abstimmen müssen. Und überdies wirkt nun auch die Schwerkraft auf das Baby ein.

Als und ihre Mitarbeiter haben sämtliche Signale dokumentiert, die anzeigten, dass die Frühchen mit der Arousalregulierung überfordert waren. Dazu zählten auch subtile Hinweise, die zumeist unbemerkt bleiben, etwa ein Schluckauf oder eine leichte Blauverfärbung der Mundpartie. Die Regulation ist für Frühchen unter anderem deshalb schwieriger als für normale Neugeborene, weil sie noch nicht richtig habituieren können; das heißt, sie passen sich auch an repetitive Umweltreize nicht an. Gefangen in diesem Albtraum, müssen frühgeborene Babys einen Großteil ihrer Energie

---

Setting des Schlafs und so weiter. Letztlich aber werden solche Schwierigkeiten allesamt durch das Arousalsystem vermittelt, und diese letzte gemeinsame Bahn findet dann Ausdruck in Schlafstörungen. Bei den meisten Schlafstörungen verhält es sich wie mit dem Fieber – sie signalisieren, dass irgendetwas nicht stimmt.

darauf verwenden, sich vor einer Überforderung ihrer Arousaltoleranz zu schützen. Der Kampf gegen Übererregung wird zu einer Überlebensfunktion.[14]

Das Neugeborene

Die Regulation des Arousals ist Gegenstand zahlreicher Studien und steht im Mittelpunkt der klinischen Bemühungen um das neugeborene Baby. Eines der ersten und bekanntesten Untersuchungsinstrumente ist die »Neonatal Behavioral Assessment Scale« (NBAS; Skala zur Beurteilung des Verhaltens Neugeborener). Sie wurde entwickelt, um die individuellen Fähigkeiten des Säuglings zu messen und um zu beurteilen, inwieweit und auf welche Weise er sein Arousalniveau in verschiedenen stimulierenden Situationen (visuelle, akustische und taktile Reize) zu regulieren vermag (Brazelton, 1973; Brazelton, Nugent und Lester, 1987). Die Reaktionen des Babys auf die verschiedenen Stimuli und seine Zustandsveränderungen werden quantifiziert. Die Fähigkeit, zu habituieren und zu dishabituieren, ist ein wichtiges Item der Skala. Bedenken müssen wir dabei, dass sämtliche »Antworten« des Babys aus Bewegungen bestehen. Wenn man

[14] Um den Frühchen zu helfen, entwickelte Heidelise Als eine Messskala, das »Neurodevelopmental Individualized Care and Assessment Program« (NICAP), anhand deren sich die für die Arousalregulierung benötigte Energiemenge bestimmen lässt (Als, 1984; Als et al., 1994). Auf dieser Grundlage gelang es ihr, eine Reihe von Veränderungen in der Intensivversorgung einzuführen. Sie betrafen die Minimierung äußerer Stimuli mit dem Ziel, die Arousalzustände der Frühgeborenen unter Kontrolle zu halten, und wurden mittlerweile weltweit von vielen Frühgeborenenstationen übernommen.
Auch die Einführung der »Känguru-Methode« zählt zu diesen Neuerungen. Beim so genannten »Känguruing« oder Haut-an-Haut-Kontakt verbringt das frühgeborene Baby möglichst viel Zeit im Arm der Mutter oder des Vaters, Haut an Haut, beide in eine gemeinsame Decke eingehüllt. Während das Baby im Arm der Eltern liegt, können sogar Infusionen und Intubationen verabreicht werden. Ein lebendiger Mensch verkörpert eine Reizumwelt, die für jedes Baby weit besser geeignet ist als ein Inkubator. Unter diesen veränderten Bedingungen hat sich die Zeit, die Frühgeborene im Inkubator und in der Klinik verbringen müssen, nachweislich verkürzt. Die Babys nehmen schneller an Gewicht zu und haben eine niedrigere Morbiditätsrate (Hernandez-Reif und Field, 2000; Field, 2003). Den Ausschlag gibt auch hier das Arousal.

auch die Dynamik dieser Bewegungen erfasst, fällt die »Antwort« noch präziser aus.

Die Skala wird weltweit benutzt, um die Stimulustoleranz und den Stil der Arousalregulation neugeborener Babys zu untersuchen. Sie wird von Kinderärzten auch im therapeutischen Kontext eingesetzt, um Eltern dabei zu helfen, die »Sprache« ihres Babys zu erlernen und ihre eigenen Erwartungen auf seine Individualität abzustimmen (Bruschweiler-Stern, 2000).

Das soziale Leben des Babys

Im Alter von ca. zweieinhalb bis ca. sechs Monaten erweitert sich das Repertoire des Babys um Vokalisationen und Gesichtsausdrücke, mit denen es unmittelbar auf das Verhalten seiner Eltern reagiert. Das Baby wird plötzlich zu einem richtigen Partner. Die Interaktionen mit den Eltern entwickeln Wechselseitigkeit und unendliche Vielfalt. Das wichtigste »Spiel« ist die direkte Kommunikation, bei der Mutter oder Vater und das Baby einander ansehen. Die Augen, das ganze Gesicht, Lautäußerungen, Gesten und der Körpertonus bestimmen das Bild. Mithin ist das soziale Spiel (»face to face«) eine der besten Gelegenheiten, um sich rasch einen Eindruck von der klinischen Situation zu machen. Es zeigt, ob die Mutter auf natürliche Weise mit ihrem Kind interagiert oder ob sie unbeholfen und verkrampft ist, ob sie sich intrusiv oder kontrollierend verhält, unberechenbar, passiv, aggressiv, ablehnend und so weiter. An diesen Beobachtungen kann sich die Behandlung fortan orientieren. Viele Autoren haben solche Interaktionen detailliert beschrieben, zum Beispiel Stern (1971, 1977, 1986, 1990), Brazelton, Koslowski und Main (1974), Trevarthen (1977), Brazelton (1973, 1982), Trevarthen und Hubley (1978), Tronick et al. (1978), Beebe (1982), Tronick (1989), Fogel (1993), Stern und Bruschweiler-Stern (1998), Beebe et al. (2005a, 2005b) und viele andere.

Inwiefern spielen Arousal und Vitalitätsformen eine zentrale Rolle? Wenn die Mutter mit ihrem Baby spielt, gehen die Reize für den Säugling von ihren Augen, ihrem Gesicht, ihrem Körper und ihrer Stimme aus. Mütter (und Väter) sind für das Baby sozusagen eine »Sound- und Lightshow«, ein Spektakel für ihre Arousalzustände. Um zu verstehen, wie dies funktioniert, müssen wir uns ein zentrales, einfaches psychologisches Prinzip vergegenwärtigen. Sobald die Intensität eines Reizes zunimmt, steigt auch das Arousalniveau, das der Stimulus erzeugt. Darüber hinaus wird die emotionale Färbung des Arousals intensiver. Der Stimulus kann visueller, auditiver oder taktiler Natur sein oder aus dem Grad der Neuheit oder der Intensität der Erwartung resultieren. Für alle Stimuli gilt dasselbe Prinzip. Im realen Leben impliziert es zwei wichtige Aspekte. Erstens wird der Säugling durch einen allzu schwachen Reiz nicht stark aktiviert, das heißt, er bleibt uninteressiert und unaufmerksam. Ist der Reiz hingegen allzu stark, steigt das Arousal ebenfalls zu sehr an, und der Säugling versucht, sich dem Stimulus zu entziehen. Babys erwerben ein eigenes spezielles Repertoire an Verhaltensweisen, um überwältigende Reize zu regulieren. Sie können den Kopf wegdrehen (was die Eltern unter Umständen als Zurückweisung empfinden), oder sie können ihren Blick auf den Horizont statt auf das Gesicht der Mutter konzentrieren. Sie sehen gewissermaßen durch die Mutter hindurch – eine frühe Form der selektiven Unaufmerksamkeit, vielleicht sogar der Verleugnung. Manche Eltern entwickeln unter diesen Umständen die Phantasie, dass ihr Kind autistisch sei oder dass es ihre Existenz nicht zur Kenntnis nehme. Andere Babys wiederum kultivieren das plötzliche Einschlafen zu einer Kunst.

Säuglinge können also ein Repertoire an Verhaltensweisen erwerben, um ihr Arousal herunterzuregulieren. Andere Babys sind leicht überfordert, ihr Regulationssystem versagt, und sie beginnen zu schreien. Wir beobachten hier die *Anlage*[15] der Abwehr- und Copingmechanismen. Die Erfahrungen, die Babys in solchen Situationen machen, sind lebensnotwendig (Stern, 1971, 1977, 1985). Darüber hinaus besitzen sie charakteristische Vitalitätsformen.

Zufrieden und optimal aktiviert ist das Baby in einer Zone kurz vor der Überstimulierung. Um es in dieser für das gemeinsame Spiel optimalen Zone zu halten, müssen die Eltern ihr eigenes Verhalten anpassen, das heißt, die Reizintensität ihrer »Sound- und Lightshow« oder der von ihnen dargebotenen Vitalitätsformen darf weder allzu niedrig noch allzu hoch sein.

Bislang haben wir lediglich das absolute Niveau der Stimulation durch die Mutter/den Vater betrachtet. Gleichermaßen wichtig sind die Vitalitätsformen, die während des Aufbaus der Reizintensität und ihrer Herauf- und Herunterregulierung erzeugt werden. Zum Beispiel ist die Art und Weise, wie Mütter mit ihren Babys sprechen – das »Mutterisch« oder die Ammensprache –, durch eine besondere Prosodie charakterisiert (Stern et al., 1983;

[15] Deutsch im Original.

Fernald, 1984; Papousek, 1996). Unter unserem Blickwinkel betrachtet, entspricht die Prosodie dem Fluss der Vitalitätsformen. Die Bandbreite der Stimmhöhe ist größer als normal, die musikalischen Elemente werden deutlich stärker akzentuiert, das Tempo ist vermindert, die Betonungen sind ausgeprägter und so weiter. Das Gleiche gilt für das Spielverhalten der Mutter und die generelle Anmutung ihrer »Sound- und Lightshow«. Ohne diese Vitalitätsformen wären Babys weit weniger eifrig bei der Sache oder gänzlich uninteressiert.

Die Habituation, die Gewöhnung an einen Reiz, ist der zweite Aspekt, der im realen Leben für das Arousal von Belang ist. Babys habituieren sehr rasch, das heißt, sie reagieren auf einen sich wiederholenden Stimulus immer weniger, selbst wenn er bei seiner ersten Präsentation perfekt war und das Baby optimal aktiviert, vielleicht sogar zu einem strahlenden Lächeln veranlasst hat. Wenn ihm die Mutter aber ein und denselben Stimulus mehrfach in unveränderter Weise präsentiert, verliert es beim dritten und vierten Mal das Interesse. Die Habituation gibt die Grundstruktur sozialer, interaktiver Spiele mit Babys vor. Um sie zu umgehen und um zu verhindern, dass das Arousal des Säuglings abfällt, muss die Mutter die Stimulation, also ihr Verhalten, ständig verändern oder variieren (so wie Beethoven die Vitalitätsformen seines Themas variierte). Das Ergebnis sind Vitalitätsformen, präsentiert als Thema mit Variationen.[16]

Manche Spiele sind praktisch nichts anderes als ein Spiel mit Vitalitätsformen, zum Beispiel die plötzlichen, fast explosiven Bewegungen der Mutter, wenn sie das Kind nach einem vorbereitenden »Anschleichen« überraschend kitzelt, oder ihre progressive Verlangsamung, durch die sie die Erwartung und Erregung des Babys anstachelt, während sie die »Pointe« einleitet, das Staccato-Tätscheln zur Verstärkung des Arousals oder das langsame, die Körperkontur nachfahrende Beruhigungsstreicheln. Es gibt eine ganze Welt von Vitalitätsformen, mit denen man spielen kann.

---

[16] Während des ersten Lebensjahres sind das Sprechen und die Vokalisationen der Mutter (»Mutterisch« oder Ammensprache) eine »unsichtbare Quelle der musikalischen Stimulation mitsamt all ihren Möglichkeiten an unterschiedlichen Vitalitätsformen (Papousek, 1996).

Entwicklung der neurobiologischen Aspekte des Arousals

Neurowissenschaftliche Theorien und Erkenntnisse stimmen mit den oben beschriebenen Verhaltensbeobachtungen weitgehend überein. John Hughlings Jackson (1931) entwickelte die Überlegung, dass sich die Hirnstrukturen, die sich als erste bilden – zum Beispiel der Hirnstamm – progressiv erweitern und dass sie später, wenn sich die höheren Zentren formieren, in deren komplexere Organisation integriert werden. Die zeitliche Entwicklung des Gehirns ist sowohl in der Evolution als auch in der Ontogenese ein aufsteigender Prozess. Schore (2003) hat dieses hierarchische Modell auf der Grundlage von Hughlings Jacksons Forschungen weiter ausgearbeitet und modifiziert. Lurija (1970) sowie Luu und Tucker (1996) vertraten die Ansicht, dass die frontal gelegenen Regionen des Kortex das Arousal durch Hemmungs- und Aktivierungsprozesse regulieren, die sich während des ersten Lebensjahres herausbilden. Damit öffnet sich die Tür für soziale Einflüsse, die auf die Entwicklung der Regulationsprozesse in diesem prägenden ersten Jahr einwirken können. Das bedeutet gleichzeitig, dass in der frühen postnatalen Phase keine kortikalen frontalen Regionen Einfluss auf das Arousal ausüben (siehe auch Dubowitz et al., 1986).

Bei der Geburt ist lediglich die (an der Emotionsregulation beteiligte) Amygdala aktiv, um die Arousalsysteme des Hirnstamms zu regulieren (Chugani, 1996). Weil sie sich in den ersten beiden Monaten des nachgeburtlichen Lebens sehr rasch entwickelt, ist sie für eine frühe soziale Beeinflussung kaum empfänglich. Die rasante Entwicklung des zerebralen Kortex setzt erst acht Wochen nach der Geburt ein, zeitgleich mit einem allgemeinen psycho-biologischen Entwicklungssprung (Emde und Harmon, 1984; Yamada et al., 2000); etwa zwischen dem 10. und dem 18. Lebensmonat durchläuft sie eine kritische Entwicklungsphase (Schore, 2004).

Diese Daten wurden vorwiegend durch Beobachtungen der postnatalen Entwicklung gewonnen. Trotzdem bestätigen sie im Großen und Ganzen die bereits beschriebenen Überlegungen und Funde, nämlich die frühe Unabhängigkeit der Arousalsysteme von der Regulation durch höhere Zentren, die bemerkenswerte Spezifität der Arousalsysteme, die ohne oder mit minimaler regulatorischer Beteiligung des Kortex aktiv sind, und die Offenheit des früh heranreifenden Nervensystems für soziale und kulturelle Einflüsse.

Im Folgenden wenden wir uns erneut dem Primat der Bewegung und ihren dynamischen Merkmalen als Infrastruktur der Entwicklung zu.

Weitere Fragen nach dem Erleben und der Repräsentation von Vitalitätsformen im Laufe der Entwicklung

Eine Frage stellt sich gleich zu Beginn. Warum hat die Natur es so eingerichtet, dass menschliche Babys Wörter weder sprechen noch verstehen können? Unsere Antwort lautet, dass Säuglinge allzu viel über die Grundprozesse und -strukturen des interpersonalen Austauschs lernen müssen. Sie müssen insbesondere die Formen des dynamischen Flusses kennenlernen, durch die soziale Verhaltensweisen vermittelt werden. Und all dies Wissen müssen sie erwerben, bevor die Sprache auftaucht, denn sie würde alles durcheinander bringen. Die Grundstrukturen sind ausnahmslos nonverbale, analoge, dynamische Gestalten, die mit der Diskontinuität, der Digitalität und dem kategorischen Charakter der Wörter nicht vereinbar sind.

Was muss ein Baby in den ersten zwölf bis achtzehn Lebensmonaten lernen? Die Liste umfasst das, was man mit den Augen anfängt, wenn man mit jemand anderem zusammen ist – wie lange hält man Blickkontakt, welche abwendenden Kopfbewegungen erfüllen bei welcher Bezugsperson ihren Zweck, wie nah kann man den Anderen an sich herankommen lassen, welches Tempo soll man ihm dabei gestatten (das Gleiche gilt umgekehrt für einen selbst), wie küsst man, wie »liest« man Körperhaltungen, wie bringt man die Andere dazu, einen zu füttern, wie macht man ihr klar, dass man sich nach Körperkontakt sehnt oder dass man spielen möchte, welchen Regeln folgt das Kuckuck-oder das Ich-fang-dich-Spiel, wie initiiert man einen echten Dialog, wie begrüßt man seine Mutter, wenn sie eine Weile fort war und dann wiederkommt, oder wie grüßt man sie nicht, wie treibt man Schabernack, wie verhandelt man, wie steigert man sich in etwas hinein, wie nimmt man sich zurück, wie drückt man Zuneigung aus, wie schließt man Freundschaften und so weiter. Ein Großteil dieses Wissens ist aufs Innigste mit Vitalitätsformen verbunden.

Wir haben diese Art des Wissens als *implizites Beziehungswissen* oder *implizites relationales Wissen* bezeichnet. Es ist nonverbal und nicht-bewusst. Karlen Lyons-Ruth (1998) und die Boston Change Process Study Group (BCPSG, 2002), der ich angehöre, haben sich auf dieses ergiebige Forschungsfeld begeben, um zu klären, was Säuglinge meistern müssen, um in ihren interpersonalen Welten voranzukommen. Die Definition des impliziten Beziehungswissens stützt sich auf Unterscheidungen, die von zahlreichen Kognitionspsychologen getroffen wurden; wir haben sie übernommen und auf den Bereich der Beziehungen übertragen.

Die Vitalitätsformen interpersonaler Vorgänge sind Teil des impliziten Beziehungswissens. Man benötigt eine Fülle an dynamischen Informationen, um erkennen zu können, wie sich andere bewegen, wie es aussieht, wenn sie sich ärgern und in Rage geraten, oder wie man ihre Aufmerksamkeit gewinnt und sicherstellt, dass sie wirklich »präsent« sind.

Ich vertrete folgende Ansicht. Zu Beginn des Lebens nimmt der Säugling in erster Linie oder vorwiegend Vitalitätsformen wahr. Bewegung ist der primäre und wahrscheinlich eindrücklichste Vorgang, doch Bewegungen kommen nicht isoliert daher. Sie benötigen Zeit, um sich zu entfalten, und prägen dabei ein zeitliches Profil aus. Sobald der Säugling intentionale Aktivität und Energie – und sei es in primitiver Form – erlebt hat, wird Bewegung mit Kraft ausgestattet. Damit stehen die Elemente, die die Gestalt der dynamischen Vitalität erzeugen, bereit, nämlich die Bewegung und ihre vier Töchter.

In den frühen Lebensphasen ist unsere Wahrnehmung überdies weitgehend multimodal oder multisensorisch, denn die qualitativen Aspekte der Modalitäten werden noch nicht säuberlich voneinander unterschieden. Die Vitalitätsformen hingegen fühlen sich durchaus unterschiedlich an. Das bedeutet, dass Stimulationen, gleichgültig, in welcher Sinnesmodalität sie erfolgen, zuerst als dynamischer Bewegungsfluss erlebt werden, als Fluss mit einer zeitlichen Kontur, mit antreibender Energie und mit intentionaler Richtung: als Vitalitätsform, als Gestalt der grundlegenden dynamischen Pentade.

Somit könnten schon für den jungen Säugling Vitalitätsformen, allerdings mit multimodalem Inhalt, existieren. Diese Überlegung greift auf Konzepte zurück, die oben bereits erläutert wurden, etwa die »sensorisch-tonische Feldtheorie« (Werner und Wapner, 1949; siehe 3. Kapitel, S. 50ff.).

Dies wirft eine weitere Frage auf. Besitzen oder benötigen Föten und Neugeborene modalitässpezifische sensorische Informationen im Mutterleib beziehungsweise unmittelbar nach der Geburt? Solche Informationen könnten zusammen mit entsprechenden, von der jeweiligen Kultur geprägten postnatalen Erfahrungen erworben werden. Diese Überlegung ist mit den neuen Erkenntnissen über multisensorische Neuronen (siehe oben) und über die generelle Interkonnektivität im Gehirn vereinbar.

Stimuli lassen sich einteilen in vorwiegend statische (oder schrittweise sequentielle) und in dynamische, sich ständig verändernde Reize. Man könnte vermuten, dass die dynamischen Reize in der Entwicklung als erste präsent sind und die statischen sich später von ihnen abheben. Dies trifft häufig zu, gilt jedoch nicht grundsätzlich. Manche statischen Stimuli entwickeln sich tatsächlich langsamer. So können Säuglinge erst mit etwa zwei Monaten Farben von gleicher Leuchtkraft unterscheiden (Bornstein, 1981). Geringfügige Veränderungen der Lautstärke von Musikstücken (Schwankungen von zehn Dezibel) werden erst mit fünf bis acht Monaten wahrgenommen (Olsho et al., 1982). Andererseits können schon Neugeborene Gerüche unterscheiden und zum Beispiel im Alter von wenigen Tagen, nachdem sie mehrmals gestillt wurden, die Milch der eigenen Mutter am Geruch erkennen (MacFarlane, 1975). Schon unmittelbar nach der Geburt können Babys einen süßen und vielleicht auch einen bitteren Geschmack von anderen Grundgeschmacksrichtungen unterscheiden, aber sie unterscheiden offenbar noch nicht zwischen salzig und sauer (Rosenstein und Oster, 1988). Zwischen den Lauten »ba« und »pa« diskriminieren Babys bereits mit vier Wochen. Man könnte annehmen, dass es sich um kategoriale Unterschiede handelt, doch wenn man genauer hinschaut, erweisen sie sich als mikro-dynamisch, denn sie hängen mit dem zeitlichen Verlauf der hörbaren Artikulation der Verschlusslaute p und b zusammen (Eimas et al., 1971). Die Situation ist insofern kompliziert, als die Fähigkeit, zwischen statischen Stimuli zu differenzieren, in den verschiedenen Modalitäten zu je unterschiedlichem Zeitpunkt auftaucht; dies hat anatomische, physiologische und evolutionäre sowie psychologische Gründe. Dennoch besteht die Möglichkeit, dass die dynamischen Eigenschaften in zahlreichen Modalitäten schon sehr früh und – ein besonders wichtiger Aspekt – vor den statischen Eigenschaften registriert werden.

Ebenfalls wichtig ist in diesem Zusammenhang, dass die rechte Gehirnhälfte des Neugeborenen die dominantere ist (Chiron et al., 1997). Darüber hinaus wissen wir, dass die rechte Hemisphäre in besonderem Maße auf holistische, synthetische und multisensorische Aufgaben spezialisiert ist (Schore, 2004).

Dies ist keine hinreichende Erklärung für die Beschaffenheit früher nonverbaler Repräsentationen; es legt aber nahe, dass sie um einen zentralen, aus Vitalitätsformen bestehenden Kern aufgebaut werden. Um dies gründlicher verstehen zu können, sind wir auf weitere wissenschaftliche Fortschritte angewiesen.

Noch ein Blick auf Vitalitätsformen im Säuglingsalter

Im 3. Kapitel habe ich den Begriff der »Affektabstimmung« (Anpassung der Vitalitätsform) erläutert: Die Mutter modelliert ihr eigenes Verhalten so, dass dessen Vitalitätsform derjenigen des kindlichen Verhaltens entspricht. Dies ist eine partielle und »absichtlich« selektive Art der Nachahmung. Die Mutter imitiert die dynamischen Eigenschaften originalgetreu, jedoch mit einem anderen Inhalt und in einer anderen Modalität. Das Konzept der Affektabstimmung wird wegen seines klinischen Werts häufig verwendet; nicht selten aber verwechselt man es mit einem sensiblen oder angemessenen mütterlichen Verhalten oder mit »guter Betreuung«. An all dem ist die Affektabstimmung ohne Frage beteiligt, aber sie ist enger definiert. Die Affektabstimmung spiegelt den Versuch der Mutter wider, das subjektive Erleben ihres Säuglings, nicht seine Aktivitäten, zu teilen. Praktisch alles, was das Baby tut, bildet irgendeine dynamische Form aus. Durch ihre häufigen Abstimmungsinitiativen stellt die Mutter das intersubjektive Feld wieder her, und zwar mit Hilfe der Vitalitätsformen.

In diesem Kontext ist es hilfreich, zwischen den dynamischen Eigenschaften einerseits und den Eigenschaften des Inhalts und der Modalität andererseits zu unterscheiden. Bei der Affektabstimmung gleicht die Mutter ihr Verhalten den dynamischen Eigenschaften der kindlichen Aktionen an. Auf diese Weise versichert sie dem Baby, dass sie begriffen hat, was es getan hat. Sie wiederholt aber nicht den Inhalt und die Modalität seiner Aktion, sondern präsentiert ihm stattdessen ihre eigene Modalität mitsamt eigenem Inhalt. Dies bestätigt dem Baby, dass sie verstanden hat, wie sich das, was es getan hat, anfühlt. Sie hat es nicht imitiert, sondern sein Verhalten »in ihre eigenen Worte übersetzt« – es trägt ihre Handschrift. Es ist etwas, das auch sie gefühlt hat. Sie hat eine Entsprechung innerer Zustände herbeigeführt.

Dies mag kompliziert klingen, doch Mütter und Väter besitzen eine intuitive Sensibilität und Empathie, um all dies zu bewerkstelligen, ohne darüber nachdenken zu müssen.

Abstimmungen können auch unzulänglich bleiben oder aber übertrieben werden (Stern, 1985). Dazu ein Beispiel: Ein Kind ist entzückt, als es in der Wohnung eines Freundes dessen Spielzeugmaschinengewehr benutzen darf, und stößt einen Freudenschrei aus. Wenn die Mutter keineswegs entzückt ist, aber auch nicht allzu harsch reagieren oder das Kind vor anderen

Menschen zurechtweisen möchte, kann sie ihre Abstimmung in herunterregulierter Form zeigen. Wenn der Freudenruf des Kindes beispielsweise sehr eindringlich und langgezogen war, kann sie ein Geräusch produzieren, das beträchtlich gedämpfter ist und von etwas kürzerer Dauer. Mit anderen Worten: Sie nimmt eine »absichtliche« Fehlabstimmung vor und gleicht die dynamischen Eigenschaften ihrer Äußerung denen des Kindes ganz gezielt nicht an, sondern präsentiert ihm eine Vitalitätsform, die besagt: »Mich versetzen Maschinengewehre keineswegs in Begeisterung – ich finde es auch nicht gut, dass du so begeistert bist, habe es aber verstanden.« Umgekehrt kann eine übertriebene Abstimmung ermunternd und ermutigend wirken.

Auf diese Weise kann die Abstimmung/Fehlabstimmung der Vitalitätsformen prägen, was Säuglinge oder Kinder tun und wie es sich für sie anfühlt. Ihr inneres Erleben wird gleichsam von innen nach außen modelliert. Dies gibt den Eltern ein hocheffektives Sozialisationsinstrument an die Hand, dessen sie sich bedienen, um Säuglinge und Kleinkinder in die Familie und in die Kultur im weiteren Sinn einzuführen. Es hat aber noch einen weiteren Vorteil – es eignet sich hervorragend für Verhandlungen. Es schreibt keine Regeln vor, sondern öffnet die Tür für die diplomatischen Austauschvorgänge, aus denen die Kompromisse über das, was man in den unterschiedlichen Kontexten tun darf oder nicht und wo die Grenzen zu setzen sind, hervorgehen. Diese Verhandlungen sind entscheidend daran beteiligt, dass das Kind eine gewisse Subtilität im täglichen Umgang mit anderen Menschen erwerben kann. Vitalitätsformen spielen bei all dem eine wichtige Rolle.

Vorstellbar wäre sogar, dass die Affektabstimmung entscheidend an der »klinischen« Verhaltensprägung beteiligt ist. Markova und Legerstee (2006) haben gefragt, welche Art von mütterlichen Reaktionen das soziale Gewahrsein von Säuglingen und eine positive Responsivität am erfolgreichsten zu fördern vermag. Drei unterschiedliche, häufig zitierte Theorien legen je unterschiedliche Antworten nahe. Die Autoren haben das »Kontingenzverhalten« der Mutter, ihr »Nachahmungsverhalten« und ihr »Teilen des kindlichen Affekts« (Affektabstimmung) miteinander verglichen. Die Babys waren fünf beziehungsweise dreizehn Wochen alt.

»Kontingenz« ist ein von Gergely und Watson (1999) sowie Gergely et al. (1995) ausgearbeitetes Modell. Eine Mutter verhält sich kontingent, wenn sie das Verhalten ihres Babys innerhalb einer definierten kurzen Zeitspanne mit originalgetreuer Nachahmung beantwortet. Die Forscher stellten fest, dass Säuglinge etwa bis zum Alter von zwölf Wochen solche Stimuli besonders attraktiv finden, die eine perfekte Kontingenz mit ihrem eigenen Verhalten aufweisen. Ab dem vierten Lebensmonat aber zeigen sie lebhaftere soziale Reaktionen auf mütterliche Stimuli, die hoch-, aber nicht perfekt kontingent sind – Stimuli also, die »fast wie ich, aber eindeutig nicht genau wie ich« sind. Der Fokus verlagert sich also vom Selbst auf die Andere.

Zweitens haben Meltzoff und Gopnik (1993) sowie andere Autoren die Ansicht vertreten, dass das Nachahmungsverhalten der Mutter (welches nicht zwangsläufig perfekt kontingent ist) Säuglinge am meisten interessiert und ihnen am besten gefällt.

Das dritte Modell ist das der Affektabstimmung (der Angleichung von Vitalitätsformen). Der Fokus ist auf den inneren Zustand gerichtet. Dies lässt sich am deutlichsten bei spontanen Interaktionen beobachten.

Die Ergebnisse der kontrollierten Studie von Markova und Legerstee (2006) zeigten, dass die Affektabstimmung folgende Wirkungen erzielt: Der Säugling richtet den Blick besonders lang auf die Mutter, lächelt häufiger, vokalisiert lebhafter und produziert weniger negative Vokalisationen als in Situationen, in denen die Mutter kontingentes oder nachahmendes Verhalten zeigt.

Im Lichte all der oben zitierten Arbeiten über das spontane mütterliche Interaktionsverhalten und seine evolutionäre Angepasstheit an die Präferenzen und Sensibilitäten von Säuglingen ist ein solches Ergebnis nicht überraschend.

Der Vorteil des spontanen mütterlichen Verhaltens besteht (sofern es »hinreichend gut« ausgeführt wird) in seinem Reichtum an dynamischen Eigenschaften, in seiner Lebendigkeit und seiner Vitalität. Es gibt im Grunde kein Verhalten des Babys, auf das sich eine Mutter nicht abstimmen könnte. Dementsprechend erzeugt die Affektabstimmung (abgestimmte Vitalitätsformen) in zahlreichen Phasen der Interaktion einen Dialog, der gewissermaßen »hinter« den Verhaltensweisen mitläuft und in dem die realen Evaluationen der Mutter zutage treten. Mütterliche Interaktionen mit einem Neugeborenen können tatsächlich zu relativ langen Momenten einer wechselseitigen Aufmerksamkeit führen. Diese Vorgänge werden als »neonatale Begegnungsmomente« bezeichnet. Sie aktivieren und verstärken den Bindungsprozess (Bruschweiler-Stern, 2009).

In der frühen Entwicklung spielen Vitalitätsformen somit eine beherrschende Rolle.

7. Kapitel

Welche Implikationen besitzen die Vitalitätsformen für die klinische Theorie und Praxis?

Zur Einführung mag ein kurzer historischer Abriss von Nutzen sein. Warum werden Vitalitätsformen in der klinischen Theorie und Praxis als solche kaum je thematisiert? Schließlich nehmen Therapeuten und Patienten sie unentwegt wahr – an sich selbst und am Anderen, bewusst oder unbewusst. Die Geschichte der Psychoanalyse und der aus ihr hervorgegangenen Gesprächspsychotherapien bringt uns einer Antwort näher. Warum hat sich die Psychoanalyse als eine »Eine-Person-Psychologie«, also als Behandlung, die auf Kosten des Interpsychischen ein übermäßig großes Interesse am Intrapsychischen kultiviert, entwickelt? Warum verstand man die therapeutische Beziehung in erster Linie als Manifestation der Krankheit (der »Neurose«) des Patienten? Warum trennte man strikt zwischen Reden und Agieren sowie zwischen Verbalem und Nonverbalem, und warum maß man dem Wort, dem Symbolischen, einen derart hohen und schützenswerten Rang bei? Und warum, so können wir weiter fragen, führten die meisten Therapien, die mit der Bewegung arbeiten und ursprünglich als zweitklassige Behandlungen vor allem Patienten mit Behinderungen und Autismus verschrieben wurden, eine von den Gesprächstherapien abgespaltene Existenz?

Als Freud die Psychoanalyse entwickelte, stolperte er über ein potentiell verheerendes Problem. Mehrere seiner Schüler unterhielten Affären und sexuelle Beziehungen mit ihren Psychoanalysepatientinnen. Ein solches Verhalten gefährdete den therapeutischen Rahmen, wie Freud ihn sich vorstellte. Außerdem war er in höchstem Maß besorgt, dass ein derartiges Agieren in den Sitzungen und außerhalb der Praxen dem Ansehen der Psychoanalyse in der Wiener Ärzteschaft schaden könnte. Und dieses Ansehen war damals keineswegs gesichert. In diesem Kontext verfasste er einige behandlungstechnische Beiträge (vgl. Freud, 1914g, 1915a), in denen er vor allem betonte, dass der Psychoanalytiker sich gegenüber seinen Patientinnen und Patienten »abstinent« und wie ein »Chirurg« zu verhalten habe. Das heißt, er riet dem Analytiker zu emotionaler Neutralität und empfahl ihm die Einstellung eines unbeteiligten Beobachters, der in einem unkontaminierten Feld aufdeckt, wie die Psyche des Gegenübers funktioniert. (Dank seines Scharfsinns – und mit Ferenczis Hilfe – erkannte Freud auch, dass Übertragung und Gegenübertragung die eigentliche Ursache der Grenzverletzungen waren. Beide Phänomene wurden zu Grundpfeilern der psychoanalytischen Therapie.)

Bewegung im Allgemeinen und »Agieren« im Besonderen blieben dabei (zumindest im klinischen Bereich) auf der Strecke; höchste Wertschätzung erfuhren hingegen sämtliche Formen der Versprachlichung.

Seit den frühen Jahren der »klassischen« Psychoanalyse hat sich das psychotherapeutische Feld (die Mehrheit der psychoanalytischen Schulen inbegriffen) beträchtlich weiterentwickelt (vgl. Cooper, 2005; Person, Cooper und Gabbard, 2005). Wichtige Aspekte haben im Laufe der vergangenen Jahrzehnte Veränderungen erfahren. Im Folgenden einige der heutzutage diskutierten Fragen:

- Wie können wir uns die klinische Funktion einer weniger eng definierten therapeutischen Beziehung, eines stärker relationalen Ansatzes, vorstellen? Wo liegen ihre Grenzen, und wo ist die Intersubjektivität innerhalb dieses weiter gefassten Rahmens einzuordnen?
- Damit hängt noch eine andere Frage zusammen, die die Beschaffenheit des impliziten beziehungsweise des expliziten Wissens und Gedächtnisses betrifft. Setzen Veränderungen explizites Wissen in Form verbaler Deutungen voraus, oder werden sie vorwiegend durch die Beziehungserfahrung herbeigeführt?
- Wie sieht die optimale Balance zwischen Bearbeitung der Vergangenheit und Arbeit im »Hier und Jetzt« aus?
- Welchen Stellenwert und welche Funktion haben Körperkonzepte als Infrastruktur für Sprache und verbale Begriffe? Und was verstehen wir klinisch unter »verkörperter Psyche« oder »verkörpertem Geist«?

– Auf welche Ebene der Beobachtung und der therapeutischen Wirkung sind wir derzeit am dringendsten angewiesen? Benötigen wir vorrangig die Mikro-Beobachtung des Verhaltens auf der »lokalen Ebene«, Abstrakteres wie beispielsweise Narrative, eine Perspektive, die das phänomenale Erleben stärker hervortreten lässt, oder aber einen betont relationalen und intersubjektiven Fokus?

Können wir vor dem Hintergrund dieser langsamen Revolution und rasanten Evolution des Feldes die Funktionen deutlicher erkennen, die das dynamische Erleben der Vitalitätsformen erfüllt? Ein schärferer Blick auf die Vitalität im klinischen Kontext hilft, einige der grundlegenden Veränderungen, die zurzeit im Gang sind, neu zu fassen.

Einige der Funktionen, die die Vitalitätsformen in der Psychotherapie erfüllen

Vitalitätsformen und spontanes Sprechen

> Für Gehörlose wie Blinde ist es sehr schwer, sich einen angenehmen Unterhaltungston anzugewöhnen. […] Sie können den Tonfall nicht unterscheiden noch ohne die Hilfe anderer die Tonhöhe modifizieren, wodurch die Wörter erst ihren Sinn erhalten; ebensowenig vermögen sie den Gesichtsausdruck des Sprechenden zu sehen, und in einem Blick liegt häufig gerade das innerste Wesen dessen, was jemand sagt.
> Helen Keller ([1902] 1997, S. 41)

Ich beginne mit dem spontanen Sprechen, weil es in Gesprächstherapien die Hauptaktivität und außerdem das Element ist, das diese Therapien sowohl klinisch als auch theoretisch definiert. Folglich gebührt ihm der erste Blick. Im Anschluss daran untersuchen wir die dynamischen Eigenschaften der Wirkung und des Prozesses des spontanen Sprechens, das in den meisten Therapien praktiziert wird. Bei der folgenden Erläuterung dürfen wir nicht vergessen, dass die Sprachproduktion physische (sowie auch mentale) Bewegung verlangt. Die Stimme ist ein Instrument, dessen Erklingen willkürliche Bewegungen der Stimmbänder, der Zunge, des Mundes, der Lippen, der Atmung und so weiter voraussetzt.

Spontan gesprochene Sprache klingt menschlich, weil sie im Unterschied zu den Artikulationen eines Roboters hochdynamisch ist. Ihre Prosodie, also Sprachmelodie, Betonungen, Modulationen der Lautstärke, vokale Spannung und so weiter, erzeugt Vitalitätsformen. Sie lassen den Zuhörer wissen, dass der Sprecher ein lebendiger Mensch ist, und geben ihm Aufschluss darüber, was er mit den Wörtern, die er gerade ausspricht, »eigentlich« sagen möchte. Der Unterschied zwischen der Bedeutung der hier und jetzt ausgesprochenen Wörter und ihrer konsensualisierten Wörterbuch- oder offiziellen Bedeutung ist ein sehr ergiebiges Feld, wenn man das Sozialverhalten der Menschen verstehen möchte (vgl. zum Beispiel Crystals [1975] klassischen Text »The English tone of voice« und Lacans [1953] Unterscheidung zwischen *la parole* und *la langue*).

Zweitens liegt dem Sprechen ein Motiv zugrunde. Der Zuhörer erspürt das ständige Wirken einer Intention, weil er die Vitalitätsformen ihrer Äußerung wahrnimmt. Drittens ist für spontanes Sprechen eine Art unpräzise, unsystematische Suchbewegung typisch – man bemüht sich, für das, was man mitteilen möchte, die »richtigen« Worte zu finden. Dieses unsystematische Suchen ist für den Zuhörer sichtbar oder hörbar und äußert sich ebenfalls in den erzeugten Vitalitätsformen.

Dazu ein Beispiel. Nehmen wir an, ein Patient sagt: »Ich habe diese Geschichte schon so oft erzählt, dass sie zur Realität geworden ist … irgendwie glaube ich sie mittlerweile selbst … aber in Wirklichkeit hat sich alles ganz anders abgespielt … In Wahrheit nämlich ist folgendes passiert …« Natürlich wird sich der Therapeut für das, was »in Wahrheit« geschehen ist, interessieren und ergründen wollen, weshalb die entstellte erste Version für den Patienten allererst notwendig war. Wenn er jedoch stattdessen abwartet und sich, statt auf die wörtliche Bedeutung, zuerst auf die Vitalitätsformen der Erzählung und die Art und Weise konzentriert, wie er sie erlebt, kann er einen anderen Weg einschlagen, der vielleicht weiter führt, schneller ist oder anderswo endet. Der Therapeut könnte zum Beispiel sagen: »Sie haben das so eilig erzählt, als sei es bislang wie in einem Gefängnis eingesperrt gewesen und nun aus ihnen herausgeplatzt« (das heißt, er spricht die Vitalitätsform an). Dies wird den Patienten vielleicht veranlassen, von den Kräften zu berichten, die ihn zu seiner Revision bewogen haben.

Unter anderen Umständen könnte der Therapeut auf die Erläuterung des Patienten antworten: »Sie haben so zögerlich davon gesprochen, als tasteten Sie sich im Dunkeln durch ein fremdes Zimmer und hätten Angst, irgendwo anzustoßen.« Vielleicht wird der Patient dadurch veranlasst, über seine Ängste zu sprechen, bestraft oder verletzt oder gedemütigt zu werden, wenn er die Geschichte so, wie sie sich wirklich zugetragen hat, erzählt. Anders formuliert: Therapeut und Patient können der in den Vitalitätsformen zum Ausdruck kommenden Abwehr innewerden, lange bevor der Konflikt, der die Abwehrmechanismen ursprünglich aktiviert hat, einer expliziten Erforschung zugänglich wird. Diese Fokussierung auf die Dynamik des Berichtens wird die Untersuchung des konflikthaften Inhalts sogar erleichtern.

Kurz, das Augenmerk gilt den Vitalitätsformen der Äußerungen des Patienten, nicht dem buchstäblichen Sinn seiner Worte. Wenn dieser Fokus gewinnbringend ist, wird der Patient selbst unmittelbar verstehen, weshalb er die »wahre Version« zunächst entstellt wiedergeben musste. Darüber hinaus erfährt er sozusagen am eigenen Leib, wie seine Abwehrmechanismen operieren und was die therapeutische Beziehung tolerieren und containen kann.

Wenn wir spontan sprechen, haben wir etwas im Sinn, das ausgedrückt zu werden verlangt. Wir können das, was wir im Sinn haben, als Vorstellung oder Bild bezeichnen. Das Bild kann ein Einfall sein, eine Bewegung, eine Geste, eine Emotion, eine Vitalitätsform oder ein Hintergrundgefühl. In der Regel tauchen all diese geistigen Phänomene zunächst einmal nicht in verbaler Form auf. Sobald sie aber auftauchen, drängen sie uns zu spontanem Sprechen, das heißt, wir haben die Intention, das Bild (das, was wir »im Sinn« haben) mit Wörtern zu verbinden. Diese Intention tritt bei praktisch jeder Formulierung, nach der ein Sprecher tastet, in einen dynamischen Dialog mit seinem Repertoire an Sprachfragmenten ein, um die jeweils beste Entsprechung zu finden. Dies ist ein »Prozess, in dem sich die Intention nach und nach entfaltet« und in dem sich Intention und Sprache miteinander paaren. Das Resultat sind emergente Eigenschaften. Neue Verbindungen werden erzeugt, vorläufig akzeptiert, revidiert, verworfen, in anderer Form wiedereingeführt und mit all den übrigen kreativen Hervorbringungen des Prozesses der sich entfaltenden Intention verquickt. Dieser unvorhersehbare und unsystematische Prozess dauert gewöhnlich mehrere Sekunden und ist über Körper und Geist weit verteilt; zumeist fließen bewusste und unbewusste körperliche Vorgänge in ihn ein.

Vielleicht ist es ebendieser nicht-lineare Prozess, der uns menschlich macht. Ob wir mit Umsicht oder in wachsender Erregung nach dem »richtigen« Wort suchen, ob wir begeistert oder gelassen reagieren, wenn wir es zu »fassen« bekommen – auch all dies ist Teil des Prozesses. Er kann hasten, zögern, innehalten, sanft neustarten und so weiter und dabei das komplette Repertoire an Vitalitätsformen in Dienst nehmen.

Sogar nachdem man sich für ein Wort entschieden, es ausgesprochen und somit veröffentlicht hat, kann man es teilweise wieder zurücknehmen, man kann es revidieren oder »streichen« und sich mehr oder weniger elegant und logisch weiter vorantasten. (Ob man eine »richtige« Entsprechung findet oder nicht, spielt keine Rolle. Häufig ist es nicht der Fall. Wichtig ist lediglich, dass das gefundene Wort gut genug ist, um eine effektive Kommunikation zu ermöglichen.) Diese dynamischen Eigenschaften erzeugen den Eindruck eines »bewohnten Körpers« – dessen Lebendigkeit sich jetzt, in diesem Augenblick, kundtut. Gäbe es die dynamischen Vitalitätsmerkmale des Prozesses der sich entfaltenden Intention nicht, würden wir hinter den Wörtern, die gesprochen werden, kein lebendiges menschliches Wesen wahrnehmen.

Dieser körperlich-geistige Dialog des impliziten Erlebens, der neben der reflektierten verbalen Verarbeitung herläuft, gestattet dem Psychoanalytiker und seinem auf der Couch liegenden Patienten tiefe Einblicke in das Implizite und öffnet ihnen einen gemeinsamen intersubjektiven Raum, obwohl sie einander nicht von Angesicht zu Angesicht sehen (BCPSG, 2010).

An dieser Stelle müssen wir eine Unterscheidung treffen. Zwischen einer mehr oder weniger bewussten und einer zweifelsfrei nicht-bewussten Intentionalität besteht offenbar ein (zumindest gefühlter) Unterschied. Das Konzept eines »Prozesses der sich entfaltenden Intention« ist gut geeignet, wenn man sich vorstellt, dass eine ursprüngliche Intention auf irgendeine Weise bewusst oder dem Bewusstsein doch sehr nahe war: Man muss das Blatt Papier, auf dem die anfängliche Intention – und sei es mit kaum lesbarem Stift oder in kodierter Form – »geschrieben« steht, lediglich entfalten, um das Original lesen zu können. Dieses Bild gibt die Anfühlung zahlreicher Intentionen exakt wieder. Sehr häufig aber existiert eine solche »niedergeschriebene« initiale Intention gar nicht, sondern stattdessen etwas anderes, nämlich eine Art »initiale Tendenz«. Den Anfang macht in diesem Fall keine ursprüngliche Intention, die sich zu erkennen gibt, während sie sich entfaltet, sondern eine Handlungstendenz, die es zu spezifizieren gilt. Die ursprüngliche Bedeutung von »Intention«, das heißt, das »Greifen« nach dem »Objekt«, geht teilweise verloren. Tendenzen haben kein eindeutiges Ziel. Sie äußern sich in lose koordinierten spezifischen Aktionen, die nicht vorhersehbar waren und nie »aufgeschrieben« wurden; aber sie finden ein Ziel, auf das sie dann, quasi unterwegs, von Sekunde zu Sekunde neu zugeschnitten werden.

Auf diesen Prozess trifft der Begriff »Prozess der emergenten Intention« vielleicht präziser zu. Die Rolle des Körpers, der Wahrnehmung und des laufenden Dialogs zwischen all den Faktoren gewährt den Vitalitätsformen mehr Raum zur Interaktion in dem von Merleau-Ponty (1962) beschriebenen Sinn.

Die soeben erläuterte scharfe Unterscheidung kann überflüssig, ja sogar hinderlich sein. Auf der phänomenalen Ebene scheinen Intentionen und Tendenzen und somit »sich entfaltende« und »emergente« Prozesse ein Spektrum zu bilden. Es bleibt abzuwarten, wie die Neurowissenschaften mit diesem gefühlten Spektrum verfahren werden.

Die Konzepte des Primats der Bewegung, des verkörperten Geistes und der Vitalitätsformen sowie die Annahme, dass zielgerichtete Bewegung auf »losen Koordinationen« [soft assemblies] beruht, die auf der Stelle, angepasst an den unmittelbaren Kontext, entstehen, bringen uns der Lösung dieses Rätsels vielleicht näher. Die Nuancen der losen Koordinationen setzen voraus, dass die Vitalitätsformen einer Feinabstimmung auf den vorgefundenen Kontext unterzogen werden. Nehmen wir an, dass die Mehrheit oder auch nur ein Großteil der Ziele anfangs verschwommen oder ungenau bleibt, das heißt, größere Ähnlichkeit mit Tendenzen hat. Solche Ziele können darüber hinaus auch solange nicht-bewusst bleiben, bis sie einem sozusagen ins Auge springen und durch Reflexion oder Aktion spezifiziert werden.

Nicht zu vergessen ist ferner, dass am Prozess des Sprechens ein anderer Mensch, ein Dialogpartner, beteiligt ist. Die beiden bahnen sich in einem Feld, das sich ständig und sehr schnell verändert, ihren Weg. Derjenige, der gerade zuhört, hat sein eigenes veränderliches Vitalitätserleben, das einen wesentlichen Teil des Feldes ausmacht. Mit anderen Worten: Es hat nie ein exakt spezifiziertes Ziel gegeben, sondern stattdessen Tendenzen auf der Suche nach einem Zielpunkt. Überdies sind beide Partner unterwegs auf eine ganze Serie evolvierender Ziele und Intentionen gestoßen, die fortwährend aktualisiert wurden und sich veränderten.

Unser klinischer Blickwinkel ist im Allgemeinen begrenzt, weil wir dazu tendieren, Vorgänge retrospektiv zu betrachten, das heißt, wenn sie bereits abgeschlossen sind (nach der Sitzung, wenn sie besprochen werden können). Unter diesem Blickwinkel ist die Vorstellung, dass ein spezifischer anfänglicher Zustand es irgendwie geschafft hat, einen vorbestimmten Endzustand zu erreichen, durchaus logisch. Wenn man jedoch einen Vorgang betrachtet, während er noch im Prozess begriffen, also unabgeschlossen ist, lässt sich weder der ursprüngliche Zustand noch der Endzustand so eindeutig bestimmen. Somit gehen wir von einer Untersuchung der Intentionen, Mittel und Zielzustände zu einer Untersuchung der Prozesse der Hervorbringung, der Emergenz und des Werdens über. Genau darauf versucht die Boston Change Process Study Group (BCPSG) ihre Arbeit zu konzentrieren (BCPSG, 2005a, 2005b, 2008, 2010).

Weiterführende Überlegungen in dieser Richtung würden den Rahmen dieses Buchs sprengen. Ich begnüge mich mit dem Hinweis, dass Vitalitätsformen in der spontanen Rede vieles von dem zu erkennen geben, was den geäußerten Worten zugrunde liegt.

Man hat das Thema der spontanen Rede und der psychischen Entitäten, die »dahinter stecken«, ihr »zugrunde liegen« oder »mit ihr einhergehen«, auch unter anderen Blickwinkeln untersucht. David McNeill (2005) führte das Konzept von Bild/Geste ein, um all die körperlichen Ausformungen [shapings] des gesprochenen Denkens zu bezeichnen. Seiner Ansicht nach besteht gesprochene Sprache aus zwei gleichermaßen generativen und wichtigen Komponenten. Da wäre erstens die Sprache, die man sich gewöhnlich als eine mehr oder wenige statische Struktur vorstellt, und zweitens ein dynamischer Prozess, den McNeill als Bild-Geste-Prozess bezeichnet. Oberflächlich betrachtet, besteht dieser dynamische Prozess aus den Gesten, die das Sprechen synchron begleiten. McNeill erläutert, dass sich die gesprochene Sprache symbiotisch mit dem bewegten Körper, Gesichtsausdrücke und Kopfnicken inbegriffen, verbindet. Zwar haben Gesten ihre eigene, isolierte Morphologie, doch beim realen Sprechen werden sie von Bildvorstellungen und Intentionen geformt. Sie kommen den Vitalitätsformen gleich oder bergen sie zumindest in sich.

Das dynamische Wechselspiel von Intention und Wort ähnelt dem Choreographieren eines Tanzes oder dem Komponieren eines Musikstücks; hier vollzieht sich das Wechselspiel zwischen den amorphen Intentionen des Schaffenden und den Bewegungen beziehungsweise Noten (Kurth, 1931).

Von erfahrenen Therapeuten werden viele der dynamischen Eigenschaften, die die Sprechweise ihrer Patienten charakterisieren und den klinischen Gesamteindruck mitbeeinflussen, am Rande wahrgenommen. Weil aber in den Gesprächstherapien die Betonung auf dem Wortsinn liegt, rücken die dynamischen, mit der Vitalität zusammenhängenden Eigenschaften des Sprechens weniger oft ins Zentrum der Aufmerksamkeit.

Diese Überlegungen geben Anlass, den Vitalitätsformen der spontanen Rede im klinischen Setting besondere Beachtung zu schenken. Sie können uns verraten, was sich in den Worten des Patienten oder hinter ihnen verbirgt, zum Beispiel den Grad an Authentizität, an Zögerlichkeit oder an Konflikthaftigkeit, die Schwierigkeit zu sprechen und die Angst davor, das Maß an Erregung oder innerer Beteiligung, an Distanziertheit vom »Hier und Jetzt«, an Langeweile, Abgestorbenheit, Verleugnung, den Grad an defensiver Blockade der Passage vom Denken und Fühlen zum Sprechen und vieles mehr. Diese Art Sensibilität setzt voraus, dass man für die Vitalitätsformen sensibilisiert ist und sie getrennt vom Sprachfluss und den Emotionen, die geweckt werden, erfassen kann.

In diesem Kontext erhält »Bedeutung« einen anderen Sinn. Sprache und Symbolisierung sind nicht länger die einzigen oder auch nur die wichtigsten Erzeuger von Bedeutung. Diesbezüglich ist auch die Wörterbuchdefinition aufschlussreich. Demnach ist »Bedeutung« das, »was man sich vorstellt oder denkt«, »intendiert« und »präsentiert«. Der sprachliche Sinn des Wortes wird entweder gar nicht oder erst an zweiter Stelle erwähnt (*Oxford English Dictionary*, S. 1053; *Webster's New Twentieth Century Dictionary*, S. 1115).

Kurz, der durch Vitalitätsformen geprägte »Prozess der sich entfaltenden/emergenten Intention« ist eine reiche, aber häufig ungenutzt bleibende Quelle an klinischem Material.

Dynamische Vitalitätsformen als Wege zur Erinnerung

Wir tragen die Spuren der einmal erlebten Vitalitätsformen in unserem Gedächtnis. Sie haben sich mit den anderen Aspekten des erinnerten Erlebens verbunden. Wenn diese Vitalitätsformen aktiviert werden können, tritt unter Umständen die Erfahrung als ganze wieder zutage. Der verhallende Klang einer Kirchenglocke kann eine Situation in uns wachrufen, in der jemand das Zimmer verließ, aus der Beziehung verschwand und so weiter.

Wie lässt sich eine therapeutische Untersuchung so durchführen, dass man die Vitalitätsformen für die Arbeit nutzen kann? Eine offenkundige Möglichkeit besteht darin, sich statt auf Erfahrungsabstraktionen auf das unmittelbare Erleben zu konzentrieren, das sich auf der lokalen Ebene vollzieht; darüber hinaus sollte man die dynamischen Vorgänge, also die (psychischen und physischen) Veränderungen sorgsam beachten, die sich in der Zeit entfalten, statt mentale, als statische Entitäten verstandene Zustände ins Zentrum der Untersuchung zu rücken. Allerdings raten wir auch davon ab, das Augenmerk auf Körperteile oder Körperhaltungen als »Container« verborgener Erfahrungen zu lenken, wie es manche Körpertherapien tun; stattdessen sollte man das Erleben der Bewegung der Kräfte in Zeit und Raum und die Intentionalitätserfahrung nutzen, um die Erinnerung an andere Vitalitätsformen zu wecken. Die Grundvorstellung ist die, dass Therapeuten sich selbst (empathisch) so weit, wie es möglich und klinisch hilfreich ist, in die durch die gelebte Bewegung evozierte Erfahrung des Patienten hineinversetzen und sie als Ausgangspunkt für den Dialog nutzen sollten – mit dem Ziel, eine Vitalitätsform zu beleben, die diesen oder jenen Aspekt der gesamten gelebten Erfahrung ins Bewusstsein führen wird. Dazu ein Beispiel:

> Ein Jugendlicher hatte unvermutet einen dramatischen »Zusammenbruch«. Er zog sich in undurchdringliches Schweigen zurück und zeigte keinerlei Gefühle. Dieser Zustand hielt mehrere Tage an. Die vorläufige Diagnose lautete: »Schizophrene Episode.« Bekannt ist lediglich, dass der Junge am Abend vor dem »Zusammenbruch« mit einem Mädchen auf seinem Schoß auf dem Rücksitz des Autos eines Freundes gesessen hat. Man stellte ihm viele Fragen, um herauszufinden, was geschehen war, und um sein Schweigen zu brechen: War das Mädchen für ihn wichtig? Mochte sie ihn? Hat sie womöglich seine Annäherungsversuche zurückgewiesen? War er verletzt, traurig, wütend? Fühlte er sich gedemütigt? Gab es eine Vorgeschichte? Und so weiter. An seinem Schweigen änderten all diese Fragen nichts. Zu beachten ist, dass sie ausnahmslos auf etwas (zumeist Statisches) Bezug nahmen, das sich hätte ereignet haben können. Die Fragen waren Hypothesen über seinen psychischen Zustand. Doch das Einzige, was wir wissen, ist, dass er mit einem Mädchen auf seinem Schoß auf dem Rücksitz eines Autos saß. An ebendiese physische Realität, diese lokale Ebene, knüpfte die folgende Frage an: »Als sie auf Ihrem Schoß saß und ihr Gewicht verlagerte, wie fühlte sich diese Gewichtsverlagerung auf Ihren Beinen an?« Nach einem kurzen Moment blickte der Junge auf. Seine Augen füllten sich langsam mit Tränen. Die Tür zur Therapie hatte sich einen Spaltbreit geöffnet.

Ein weiteres Beispiel:

> Ein Mann war sich der Gefühle, die er für seine Frau empfand, ausgesprochen unsicher. Wollte er die Beziehung aufrechterhalten oder nicht? Die Ehe war schwierig und seit langem mehr tot als lebendig. Dann kehrte seine Frau von einer mehrwöchigen Reise nach Hause zurück. Er holte sie am Flughafen ab. Die Therapeutin fragte, welche Gefühle er seiner Frau gegenüber empfunden habe.

> Er antwortete, dass er sich noch immer nicht sicher sei. Die Therapeutin hätte stattdessen auch fragen können: »Als Sie Ihre Frau erblickten, wie sie durch die Tür kam und auf Sie zuging – ist da etwas in Ihnen hochgehüpft? Oder ist innerlich etwas eingestürzt?«

Der Unterschied zwischen den beiden Fragen ist kein geringer. Die erste Frage bezieht sich auf statische mentale Zustände, die zweite auf Vitalitätsformen.

Die meisten erfahrenen Therapeuten halten nach Vitalitätserfahrungen Ausschau, ohne weiter darüber nachzudenken. Ich behaupte nicht, dieses Vorgehen erfunden zu haben. Ich versuche lediglich, solche Erfahrungen zu identifizieren, sie zu konzeptualisieren und zu benennen, um sie besser verstehen und fruchtbarer nutzen zu können.

Erinnerungen, die über den Pfad des dynamischen Erlebens geweckt werden, können unbewusst sein, weil sie der Verdrängung unterliegen oder dissoziiert wurden oder weil sie ins implizite Beziehungswissen eingebettet sind. Therapeutisch können Vitalitätsformen zusammen mit anderen Ansätzen oder anfangs auch allein benutzt werden oder nachdem andere, explizitere Ansätze gescheitert sind. Sie können andere Vorgehensweisen auch ergänzen oder ihnen als Starthilfe dienen.

Vitalitätsdynamik als Pfad zum »(Re-)konstruierten« phänomenalen Erleben

Normalerweise machen wir uns nicht die Mühe, zwischen Erinnerungen und phänomenalem Erleben zu unterscheiden. Unter Erinnerungen verstehen wir dabei – in einem eingeschränkten Sinn – solche, die so ausgewählt und miteinander verknüpft werden, dass sie in einen spezifischen »aktuellen Erinnerungskontext« hineinpassen oder einem neuartigen Gegenwartsmoment angepasst wurden. Man »erinnert die Gegenwart«, das heißt, man benutzt die Vergangenheit als Orientierungshilfe, um sich der unmittelbar gegenwärtigen Situation anzupassen (Edelman, 1990).

Phänomenales Erleben vollzieht sich hingegen jetzt (und es wird erinnert, wenn es beendet ist und in eine kohärente Form gefasst wird). Phänomenales Erleben ist all das, was sich in diesem Moment auf der »Bühne unseres Geistes« tummelt (einschließlich seines unmittelbaren Echos, das noch nicht verhallt, noch nicht in die Vergangenheit entschwunden ist). Es ist rein subjektiv. Warum oder wie es auf die geistige Bühne gelangt ist, ob es mit realen Geschehnissen zusammenhängt, mit vergangenen oder künftigen Ereignissen oder ob es vielleicht noch nie zuvor erlebt wurde, spielt keine Rolle. Es hat eine phänomenale »Realität«. Es liegt in der Natur des unmittelbaren phänomenalen Erlebens, dass es nicht, während es statthat, verbal wiedergegeben werden kann (jeder entsprechende Versuch würde das Geschehen unterbrechen); wenn es also nachträglich erzählt wird, ist es nur eine ausgewählte Erinnerung an das, was phänomenal erlebt wurde.

Klinisch wäre es höchst interessant, einem reinen, unverzerrten phänomenalen Erleben zu begegnen (eine absolut freie »freie Assoziation« in Reinstform käme ihm nahe). Phänomenales Erleben wird nicht retrospektiv ausgewählt, damit es der Einheitlichkeit des gegenwärtigen Erinnerungskontextes gerecht wird, und seine Auswahl beruht in geringerem Maß auf Abwehroperationen. Es ist gelebte Erfahrung. Wenn wir es zu fassen bekämen, könnte es uns andere Wege zu anderem klinischen Material weisen.

Bestimmte Techniken können sich der direkten gelebten Erfahrung zwar annähern, sie aber nie ganz und gar oder originalgetreu erfassen. Die introspektive Sicht auf das, was subjektiv geschehen ist, hat sich als problematisch erwiesen. Wir haben uns eine kompliziertere Methode ausgedacht, um das phänomenale Erleben nachträglich und in mehreren Schichten zusammenzusetzen, und bezeichnen diese Technik als »mikroanalytisches Interview«. Sie kann, wie im 5. Kapitel erläutert, auch klinisch eingesetzt werden.[17]

Entwickelt wurde die Interviewtechnik im Rahmen eines Projekts, das den »Gegenwartsmoment« als phänomenales Erleben erforschte. Ich bitte die Probanden, mir zu sagen, was sie mehrere Stunden zuvor während ihres Frühstücks erlebt haben (deshalb wurde das Interview ursprünglich als »Frühstücksinterview« bezeichnet). Die Antwort lautet zumeist: »Nicht viel.« Nach einer Weile einigen wir uns auf einen bestimmten Zeitabschnitt, dessen Anfang und Ende die Interviewten exakt bestimmen können (Anfang: »Der Wasserkessel begann zu pfeifen.« Ende: »Dann habe ich mich auf den Stuhl gesetzt und meine Tasse hochgehoben.«). Sobald diese zeitlichen Grenzen markiert sind, erforschen wir das subjektive Erleben »alles« dessen, was den Interviewten innerhalb der zwanzig oder dreißig Sekunden dieses Zeitabschnitts durch den Kopf ging (Dinge, an die sie sich

---

[17] Eine detaillierte Beschreibung des »mikroanalytischen Interviews« enthält der Anhang in Stern ([2004] 2005, S. 234-246).

normalerweise niemals erinnert hätten, präziser: an die sie sich nie hätten erinnern müssen).

Sodann fordern wir sie auf, in beliebiger Reihenfolge zu berichten, was sie gefühlt, gedacht und gespürt haben, welche Körperhaltungen sie eingenommen haben und wann sie sie wechselten, welche Gesten sie wann vollführt und wie sie den Kopf gehalten haben, ob ihnen Erinnerungen eingefallen sind, ob sie vor ihrem inneren Auge irgendwelche Bilder gesehen oder ob sie sich selbst in die unmittelbare Zukunft projiziert haben. Wir helfen ihnen mit Fragen: »Wenn Sie der Regisseur eines Films über Ihr subjektives Erleben in diesen zwanzig bis dreißig Sekunden wären und ich der Kameramann, aus welchem Blickwinkel sollte ich die Szene dann filmen? Soll ich manche Momente aus nächster Nähe aufnehmen und andere in der Totalen? Wie soll ich von einer zur anderen Einstellung wechseln?« Und so weiter. Letztlich kann jede Frage gestellt werden, die es unseren Interviewpartnern erleichtert, das Geschehen noch einmal zu durchleben. Die Technik priorisiert weder Fragen nach Bewegungen noch solche nach mentalen Zuständen.

Die Antwort auf jede Frage wird in der Art einer Vitalitätsform graphisch erfasst (Intensitätsgrad, Dauer und Kontur, so wie der Interviewte sie subjektiv erlebt hat). Jede Antwort wird als separate Zeitlinie aufgezeichnet, eine unter der anderen (Gefühle, Gedanken, Bewegungen und so weiter). Die fertige Aufzeichnung ähnelt also einer symphonischen Partitur mit einer eigenen Zeile für jedes Instrument (Antwort auf eine Frage).

Viele Fragen bewirken, dass der Interviewte seine Antworten auf vorangegangene Fragen abändert; sie müssen folglich neu gezeichnet werden. Das Endergebnis ist ein aus vielen Schichten bestehendes Narrativ. Dieser Bericht unterscheidet sich von einer simplen Rekonstruktion dadurch, dass der Interviewer verbale und nonverbale Primer benutzt, um das Erleben auf mannigfaltige Weise zu reaktivieren. So entsteht ein bis in die kleinsten Einzelheiten be- und umgearbeitetes Narrativ, das sich von einer Erinnerung unterscheidet. Es ist umfassender und weist eine höhere Kontinuität auf, ist aber gewöhnlich weniger kohärent als eine Erinnerung.

Wenn man auf dieser mikroanalytischen Ebene arbeitet, treten die dynamischen Formen des Erlebens und ihre Auswirkungen in den Vordergrund. Persönliche psychische Themen offenbaren sich in Form unvermuteter Details, die andere Techniken keinesfalls hätten zutage fördern können. Dazu ein Beispiel (vgl. Stern [2004] 2005, S. 36f.):

Ein Doktorand schilderte, wie er zum Kühlschrank gegangen war, um sich Orangensaft fürs Frühstück zu holen. Er hatte die Kühlschranktür geöffnet. Ohne darüber nachzudenken, vollführte er nun, während er davon berichtete, dieselbe Geste. Dies wunderte mich. Schließlich weiß jeder, wie man eine Kühlschranktür öffnet. Ich fragte ihn, ob es mit dieser Tür eine besondere Bewandtnis habe. Er konzentrierte sich auf die Geste, wiederholte sie und erklärte mir, dass die Tür kaputt sei: Wenn er sie allzu ruckartig öffne, würde sie weit aufschwingen und gegen den daneben stehenden Schrank schlagen. Wenn er sie zu sachte öffne, falle sie wieder zu und er bekäme seinen Saft nicht. Doch wenn er sie mit dem richtigen Kraftaufwand öffne, bleibe sie offen stehen – einfach so. Er sagte, es sei für ihn eine Art Spiel zu sehen, ob er die richtige Bewegung hinbekomme, das heißt, die richtige Vitalitätsdynamik in sie hineinlegen könne. Nicht zu kräftig, nicht zu schwach, nicht zu schnell, nicht zu langsam.

Dann nahm er den Saft aus dem Kühlschrank und goss ihn in ein Glas, das auf dem Tisch stand. Er versuchte, das Glas möglichst voll zu gießen, doch so, dass es nicht überschwappte, wenn er es zum Mund führte. Es sollte aber möglichst viel Saft enthalten. Auch dies war eine Art Spiel. Als er es mir erzählte, erkannte er überrascht, dass sowohl das Safteingießen als auch das Öffnen der Kühlschranktür eine Art Risikospiel war: Er versuchte, die Grenzen herauszufinden. Dann fiel ihm ein, dass er sich am Vorabend bemüht hatte, den Diskussionsteil seiner Dissertation fertigzuschreiben. Er musste Entscheidungen treffen und klären, wie stark er seine Schlussfolgerungen zuspitzen konnte. Wo lag der Punkt, an dem sich Waghalsigkeit und Zaudern schieden? Auch im Hinblick auf diese vorabendliche Erfahrung mit der Doktorarbeit stellten wir gemeinsam fest, dass er ganz allgemein dazu neigte, in seinem Leben Grenzen auszutesten – angefangen bei großen Dingen bis hin zu Kühlschranktüren und Saftgläsern.

Dass sich diese Charaktereigenschaft praktisch in allen Lebensbereichen des Doktoranden bemerkbar machte, hätten ihm die meisten seiner Erinnerungen nicht vor Augen geführt. Es kam urplötzlich und ohne Mühe ans Licht, als wir eine alltägliche phänomenale Erfahrung (re-)konstruierten, die sowohl einen psychischen Konflikt als auch einen typischen Charakterzug erkennbar werden ließ. Darüber hinaus brachte der Doktorand selbst all die Elemente miteinander in Verbindung. In ebendiesem Sinn kann die mikroanalytische Untersuchung eines phänomenalen Erlebens eine einzigartige klinische Landschaft erschließen, deren Konstruktion mittels anderer Methoden wahrscheinlich wesentlich mehr Mühe gekostet hätte.

Dieses Interview kann, wenn man es klinisch verwenden möchte, erheblich verkürzt und auf die Situation und die therapeutische Beziehung zugeschnitten werden.

Vitalitätsformen und imaginierte Bewegung einschliesslich verbaler Beschreibungen

Offenbar stellt unser Gehirn Verknüpfungen her zwischen Erfahrungen, die wir mündlich beschreiben oder die wir uns vorstellen, an anderen beobachten oder selbst machen. Gleichgültig, wie Erfahrungen erzeugt oder von uns aufgenommen werden – am Ende werden sie in gewissem Umfang in all diesen Bereichen kartiert.

Ein Beispiel mag dies illustrieren. Wenn Sie jemanden, der mit beiden Füßen auf dem Boden steht, (mündlich) auffordern, sich vorzustellen, einen Schritt nach vorn zu tun, die Bewegung aber nicht auszuführen (sie also lediglich zu imaginieren), werden Sie an seiner Körperhaltung keinerlei Veränderung beobachten können. Wenn Sie ihm aber nun von hinten einen leichten Schubs geben, wird er sich nach vorn neigen und einen kleinen Schritt machen, um wieder in den sicheren Stand zu kommen. Wenn Sie ihm aber andererseits dieselben Anweisungen erteilen und ihn dann nicht von hinten, sondern von vorn sacht schubsen, hält sein Körper dagegen, und er rührt sich nicht (Paxton, 2008). Es finden aber reale (für das Auge nicht wahrnehmbare) Bewegungen in Form von Tonusveränderungen statt.

Wenn sich jemand eine Bewegung mitsamt ihrer Vitalitätsform vorstellt, passiert etwas in seinem Kortex, der daraufhin ein Signal an die entsprechenden motorischen Bereiche schickt, um die Körpermuskulatur zu aktivieren, die im Fall der tatsächlichen Ausführung der imaginierten Bewegung in Anspruch genommen würde. In den entsprechenden Muskeln ist dann zwar elektrophysiologisch eine gewisse Aktivierung zu verzeichnen, doch sie reicht nicht aus, um Bewegung in Gang zu setzen.

Vielleicht führt der letzte gemeinsame Pfad des Verständnisses von Wörtern, des Sich-Vorstellens von Aktionen, der Handlungsabsicht oder der nachahmenden, identifikatorischen oder empathischen Aktion über die »imaginierte Bewegung«.

Für Tiere bleiben Bewegungen primär, doch möglicherweise wurde die imaginierte Bewegung im Laufe der Evolution für den Menschen primär. Sie ist das Scharnier für jede Aktivität und jeden Gedanken, die Führung, die jede Aktivität und jeder Gedanke passieren muss.

Erinnern wir uns daran, dass das akustische Signal eines Wortes, das wir hören, nicht nur zu den Sprachzentren des Gehirns transportiert wird, sondern auch zu der Hirnregion, die aktiv ist, wenn wir das, was das Wort bezeichnet, tun. Wenn wir beispielsweise die Wörter »hüpfen«, »springen« oder »rennen« hören, erreicht das Signal auch jene unterschiedlichen Regionen des motorischen Kortex, die die unterschiedlichen motorischen Muster des Hüpfens, Springens oder Rennens kontrollieren. Parallel zur Wortbedeutung wird eine imaginierte Bewegung erzeugt.

Diese Erkenntnisse über die imaginierte Bewegung helfen uns zu verstehen, weshalb »narrative Therapien« entwickelt wurden (vgl. zum Beispiel Freedman und Combs, 1996). Das Erzählen von Geschichten wird benutzt, um virtuelle, das Selbst betreffende Erfahrungen zu erzeugen. Es wirkt sowohl durch die virtuelle Ausführung der erzählten Aktionen (Gentili, Papaxanthis und Pozzo, 2005) verändernd als auch durch die narrative Kohärenz der persönlichen Geschichte dessen, wie wir wurden, wer wir sind (Spence, 1976; Schafer, 1981).

Somit ist klar, dass sowohl Bewegungs- und Körpertherapien als auch Gesprächstherapien mit imaginierter Bewegung arbeiten. Benutzt werden dabei Techniken wie »visualisierte Bewegungen«, »mentale Bewegungen«, »Vorbereitungen auf Bewegungen«, »virtuelle Bewegungen« und »phantasierte Bewegungen«. Musik- und Tanztherapien, Bewegungstherapien und manche Sporttherapien bauen auf ebendiesen Verknüpfungen durch imaginierte Bewegung auf. Man kann seinen Schwung beim Golf- oder Tennisspiel verändern, indem man es konkret ausprobiert, indem man sich vorstellt, anders zu schwingen, oder indem man einem anderen dabei zuschaut.

Die imaginierte Bewegung ist nicht körperlos – sie ist virtuell verkörpert, weil sie eine Vitalitätsform erzeugt.

Dass therapeutische Veränderung ohne eine auf der lokalen Ebene stattfindende »reale« oder imaginierte Aktion unmöglich ist, wird heute zunehmend anerkannt. So formulierte beispielsweise die Boston Change Process Study Group (BCPSG) im Rahmen einer Untersuchung über den in der Therapiesitzung stattfindenden Veränderungsprozess die These, dass sich das »implizite Beziehungswissen« nur dann verändern kann, wenn man Aspekte der Beziehung auf eine neue Weise »praktiziert« oder auslebt. Dieses Ausleben muss indes keineswegs explizit reflektiert und verbalisiert werden (Stern et al., 1998; BCPSG, 2002, 2005a, 2005b, 2008, 2010). Die Gestalttherapie, aber auch andere Schulen, arbeiten seit langem mit solchen Imaginationstechniken.

Kurz, mentale Modelle und neuronale Netzwerke können umgestaltet werden, indem man etwas auf andere, neue Art tut, es sich anders vorstellt, zusieht, wie andere es tun, oder zuhört, wenn es in Worte gefasst wird. Die Mauern, die verschiedene Erfahrungsmodi voneinander trennen, fallen in sich zusammen, sobald wir uns klar machen, dass alles den Weg über die imaginierte Bewegung nehmen muss.

Die neuronalen Netzwerke unseres Gehirns funktionieren so, dass die sukzessiv aufeinanderfolgenden Inschriften des (kognitiven, emotionalen, sensorischen oder motorischen) Erlebens die zuvor hinterlassenen Spuren verändern oder umschreiben können. Die neuronalen Netzwerke verändern sich erfahrungsabhängig und nahezu unentwegt. Vorhandene neuronale Synapsen können ihre Funktion ganz und gar einstellen, wenn sie nicht länger beansprucht werden, oder sie können sich durch häufige Nutzung verdichten; neue Synapsen können entstehen, und zwar nicht nur im Kindes- und Jugendlichenalter, sondern lebenslang. Dass das Gehirn plastisch ist und durch die sich akkumulierende Erfahrung entscheidend geprägt wird, hat man seit langem vermutet (Givon, 2005); diese Plastizität und Erfahrungsabhängigkeit wurden sowohl in den Neurowissenschaften als auch in der Verhaltensforschung gründlich untersucht (vgl. zum Beispiel Freeman und Schneider, 1982; Ghaem et al., 1997; McCandliss, Posner und Givon, 1997; Freeman, 1999; Jones und Greenough, 2002; Collingridge, Isaac und Wang, 2004; Lamprecht und LeDoux, 2004; Gage, Kempermann und Song, 2008).

Ansermet und Magistretti (2004) haben Veränderungen des plastischen Gehirns und psychoanalytisch erzielte Veränderungen untersucht und ihre Zusammenhänge aufgezeigt.

Vitalitätsformen und die »lokale Ebene«

Die »lokale Ebene« ist ein Konzept, das einem Großteil dieses Buches zugrunde liegt. Vitalitätsformen werden auf einer »lokalen Ebene« realisiert. Auf dieser Ebene wird die Dimension der Analyse mikroskopisch – Gesten, Ausdrücke, gesprochene Phrasen oder das Aufblitzen eines Gedankens dauern gewöhnlich zwischen einer und zehn Sekunden, genügend Zeit also, um einen einzelnen vollständigen Vorgang, eine Gestalt, bewusst zu erfassen. Die Bedeutungseinheiten der lokalen Ebene sind (verbale oder nonverbale) Bewegungen/Aktionen, die eine bereits ausgeprägte oder emergierende Intention in sich enthalten. Die Vitalität der Aktionen entfaltet sich unter dem Einfluss der lokalen Bedingungen, das heißt, abhängig vom jeweiligen Zeitpunkt, vom Ort und von der intentionalen Motivationskraft (BCPSG, 2002, 2005a; Stern, 2004).

Im Allgemeinen neigen wir dazu, den Geschehnissen auf der lokalen Ebene eine geringere klinische Bedeutung beizumessen als den »dahinter« liegenden Motiven, den gewichtigeren psychodynamischen Kräften. Unter diesem Blickwinkel werden Vorgänge auf der lokalen Ebene als lediglich behaviorale, nonverbale, unreflektierte, unbearbeitete, nicht-abstrakte und nicht generalisierte Äußerungen betrachtet, während eine verbale Deutung als Paradebeispiel eines ausgearbeiteten, reflektierten und generalisierten Beitrags gilt. Zweifel an diesem Standpunkt weckt aber die Beobachtung, dass implizites Beziehungswissen und andere Modelle des Körpers und der Psyche (zum Beispiel primäre Metaphern) durchaus Konzepte und Abstraktionen sind, auch wenn sie nicht durch bewusste Reflexion entwickelt und verbalisiert wurden.

Die traditionelle Psychoanalyse und die mit ihr verwandten Schulen beurteilen die auf lokaler Ebene auftauchenden Bedeutungen als »oberflächlich« im Vergleich zu den »tiefen«, eher makro-psychodynamischen (narrativen) Bedeutungen. Für den in diesem Buch vertretenen Ansatz enthält die Mikroebene gleichermaßen tiefe und die Makroebene gleichermaßen oberflächliche Bedeutungen, weil letztere auf der Realität der lokalen Mikroebene aufbaut und insofern sekundär und abgeleitet ist (BCPSG, 2008, 2010). Wir nehmen an, dass die lokale Ebene die Vorgänge enthält, aus denen die verbalen Abstraktionen hervorgehen, und dass sie das Terrain darstellt, auf dem die Abstraktionen und Generalisierungen sodann konkretisiert und geäußert werden.

Der Dialog fließt von der Bewegung auf der lokalen Ebene zu mentalen Operationen auf der abstrakten Ebene und wieder zurück zur Konkretisierung in Bewegung auf der lokalen Ebene. Was »oberflächlich« und »tief« betrifft, so gibt es kein richtig oder falsch herum, sondern nur einen fortwährenden Dialog zwischen Oberfläche und Tiefe. Beide Ebenen bedingen einander, und auf beiden können wir je unterschiedliche Zugänge zur Psyche finden.

Vitalitätsformen und Intersubjektivität

Wohin man geht und was man unterwegs findet, hängt in hohem Maß von dem Ausgangspunkt ab, für den man sich entschieden hat. Unser Ausgangspunkt sind philosophische Überlegungen und wissenschaftliche Erkenntnisse, von denen im Folgenden einige genannt seien:

- Die philosophische Annahme, dass die menschliche Psyche »naturgemäß für andere Psychen offen« ist und wahrnimmt, dass »andere genau wie ich selbst verkörperte Psychen besitzen«, die »mit mir zusammen sein« können;
- die Entwicklung der intersubjektiven Fähigkeiten, beginnend im frühen Säuglingsalter (frühe Nachahmung, Synchronie der Interaktion, Zeigen mit dem Finger, um die Aufmerksamkeit der Partnerin in die gewünschte Richtung zu lenken, soziale Rückversicherung, Affektabstimmung und so weiter);
- die »Story von den Spiegelneuronen«, die erste Antworten auf die Frage enthält, wie wir uns in das Erleben anderer Menschen hineinversetzen;
- die Erkenntnis, dass es im Hirn »Zentren für Intentionsentdeckung« gibt; sie verspricht, uns der Klärung der Frage, wie wir die Absichten anderer Menschen lesen, näher zu bringen;
- die Tendenz zur Selbstreflexion (Fonagy und Target, 1997);
- die Erkenntnis, dass Säuglinge keineswegs eine längere Phase durchlaufen, in der sie zwischen ihrem Selbst und der Anderen nicht unterscheiden können und mit der Mutter in einer »normalen Symbiose« leben; infolgedessen bestehen die entscheidenden frühen Entwicklungsaufgaben nicht im Erwerb von Autonomie und Selbständigkeit, sondern in der Aneignung sozio-affektiver Kompetenz und in der Aufnahme von Bindungsbeziehungen.

Somit muss sich unser Augenmerk auf *inter*psychische Vorgänge richten. Das Auftauchen des intrapsychischen Bereichs lässt sich nur im größeren Kontext des Interpsychischen beobachten. Dies gilt im Allgemeinen ebenso wie für die Entwicklung. Dementsprechend können wir die interpsychischen Vorgänge zwischen dem Patienten und seinem Therapeuten nicht einzig und allein unter dem Aspekt von Übertragung und Gegenübertragung betrachten. Diese spielen sich als Sonderfall der allgemeinen Intersubjektivität unter dem Dach der intersubjektiven Bezogenheit ab, im Rahmen dessen, was in einer Therapiesitzung geschieht.

In der Therapie sind spontane Bemerkungen (oder andere stimmliche Äußerungen) des Behandlers reich an Vitalitätsdynamik. Sobald der Therapeut auch nur den Mund öffnet, bringt er irgendeine Vitalitätsform ein und stimmt sich affektiv auf das ab, was der Patienten soeben gesagt hat oder vielleicht als nächstes sagen wird. Das Resultat ist eine Feinabstimmung des gemeinsamen intersubjektiven Feldes. Stellen wir uns Therapeuten vor, die ihre Reaktionen auf »Hmmm«, »Ähäm« oder »Ajaaa« beschränkten. Jede Äußerung klingt anders. Bei »Hmmm« fällt die Tonhöhe gegen Ende ab. Dies fühlt sich gewöhnlich wie eine Vitalitätsdynamik an, die einen Abschluss oder eine Beendigung markiert – »Ich hab's begriffen, mach weiter, du kannst fortfahren.« Manchmal hat ein solches »Hmmm« eine minimal negative Wertigkeit. Beim »Aahhaaa« hingegen steigt die Tonhöhe gegen Ende an; nicht selten schwingt ein Fragezeichen mit. Die Vitalitätsform signalisiert ein Interesse an dem, was gesagt wurde und womöglich noch gesagt werden wird. Es klingt zumeist aufmunternd und neugierig. »Ähäm« ist neutraler. Es ist ein Platzhalter und bekundet: »Ich bin noch da und höre dir zu.«

Wenn wir uns zu diesen drei Äußerungen nun all die Variationsmöglichkeiten bezüglich ihrer Dauer, Nachdrücklichkeit und zeitlichen Kontur hinzudenken, erhalten wir ein gewaltiges Repertoire an nuancierten Vitalitätsformen, die exakt zu erkennen geben, was der Therapeut in Bezug auf das, was der Patient soeben geäußert hat, empfindet. Jeder dieser drei Laute kann einen intersubjektiven Austausch begründen. Darüber hinaus dient diese (perfekte, unzulängliche oder übertriebene) Abstimmung dem Gang der Sitzung und Therapie als eine Art nicht-bewusster Kompass. Die Vitalitätsformen des Therapeuten erfüllen eine ganz ähnliche Funktion wie die Affektabstimmungen (das Angleichen der Vitalitätsformen), die wir bei Müttern im Umgang mit ihren Babys beobachtet haben. Was *hier*, in der Sitzung, geformt wird, ist jedoch die Art der Bezogenheit zwischen Patient und Behandler – die Therapie selbst.

Die Rolle, die Vitalitätsformen in der Intersubjektivität spielen, hat das Interesse an einigen der Grundkonzepte non-verbaler Therapien wiedergeweckt. Ein Beispiel ist die »Improvisations- und Musiktherapie«. Tony Wigram (2004) beschreibt ihre »therapeutischen Grundmethoden«:

1. *Spiegeln, Imitieren und Kopieren.* Der Therapeut tut exakt dasselbe, was der Patient zuvor am Klavier oder an den Drums oder mit irgendeinem anderen Instrument getan hat – Vitalitätsform, Rhythmus, Melodie etc. inbegriffen.
2. *Angleichung [matching].* Bei dieser partiellen und selektiven Imitation werden die dynamischen Eigenschaften dessen, was der Patient getan hat, beibehalten, alle übrigen Merkmale jedoch verändert. Es handelt sich im Wesentlichen um eine auf Musik gestützte Affektab-

stimmung, mit Wigrams Worten: »Eine der wertvollsten Improvisationsmethoden, die man in der Therapie anwenden kann« (S. 83). Die Affektabstimmung (Angleichung der Vitalitätsform) leistet nicht nur in Mutter-Säugling-Therapien einen nachweisbar wertvollen Beitrag (Markova und Legerstee, 2006), sondern auch in allen non-verbalen Behandlungen.

3. *Empathische Improvisation.* Der Therapeut improvisiert eine Antwort, die den emotionalen Zustand des Patienten, seine augenblickliche »Art zu sein«, widerspiegelt (ohne dass er ihn imitiert oder sich auf ihn abstimmt).
4. *Erden, Halten und Containen.* Der Therapeut erzeugt einen stabilen musikalischen »Anker« (indem er zum Beispiel auf einer Basstrommel einen gleichmäßigen Rhythmus schlägt).
5. *Dialogisieren.* Das Sich-Abwechseln ist ein Hauptelement des Dialogisierens. Nahtlose Wechsel setzten eine Verständigung über den zeitlichen Fluss der Interaktion voraus. Wenn Erwachsene einen Dialog miteinander führen, müssen sie die Pausen (der eine Partner hat zu sprechen aufgehört, der andere hat noch nicht angefangen) wechselseitig an das Timing des Anderen anpassen. Andernfalls kommt es entweder zu ständigen Unterbrechungen oder zu überlangen Schweigepausen (Jaffe und Feldstein, 1970). Dieses hochsensible Timing ist nicht vom Inhalt dessen, was gesprochen wird, abhängig. Säuglinge erlernen es bereits in den ersten sechs Lebensmonaten in den Interaktionen mit ihren Bezugspersonen (Stern, 1971, 1977; Stern et al., 1975; Beebe, 1982; Jaffe et al., 2001). Mit anderen Worten: Es ist Ausdruck von Intersubjektivität.
6. *Begleiten.* Der Therapeut spielt eine Begleitung, die sich von der Musik des Patienten unterscheidet, ihr aber »als dynamischer Hintergrund« (S. 106) dient.

Kurz, es ist charakteristisch für die Grundmethoden der Improvisations- und Musiktherapie, dass sie die Vitalitätsformen nutzen, um Erleben gemeinsam zu teilen oder sich darüber auszutauschen.

Von einem ähnlichen Standpunkt aus betonen manche Musiktherapeuten die intersubjektiven Aspekte der Therapie. So ist beispielsweise Trolldalen (1997) der Meinung, dass das musikalische Zusammenspiel das Potential für intersubjektive Begegnungen enthält. Wenn sich Therapeut und Patient auf den dynamischen Fluss, den die Musik erzeugt, einlassen, tauchen Momente des »gegenseitigen Erkennens« auf, in denen beide gleichzeitig realisieren, dass sie eine Erfahrung miteinander teilen. Ermöglicht wird dies durch Affektabstimmung, gemeinsam geteilte Aufmerksamkeit und wechselseitige Bestätigung. Solche gemeinsamen Momente können ganz ähnlich wie die »Begegnungsmomente« verändernd auf die Beziehung einwirken und sie auf eine tiefere Ebene der Intersubjektivität führen (BCPSG, 2008, 2010).

Das Eintauchen in den dynamischen Fluss ist entscheidend dafür, dass sich diese Vorgänge überhaupt entwickeln können. Das bedeutet, dass auch dieses Verständnis der Musiktherapie auf Vitalitätsformen beruht; bestimmte kognitive Aspekte, insbesondere die Wichtigkeit des wechselseitigen Sich-Erkennens, sind gleichfalls von Belang.

Sobald die dynamische musikalische Arbeit geleistet wurde und sich Aspekte der Art und Weise, wie der Patient »mit dem Anderen zusammen und in der Welt« ist, musikalisch manifestiert haben, kann der Therapeut das Gehörte natürlich in eine bedeutungshaltige narrative Struktur einbinden; je nach Schule ist er dazu aber nicht verpflichtet. Damit wird der Dialog zwischen expliziten und impliziten Techniken, zwischen Reden und Agieren wieder aufgenommen.

Die Situation in anderen Bewegungstherapien ist dem, was für die Improvisations- und Musiktherapie beschrieben wurde, analog. Dies gilt vor allem mit Blick auf die zentrale Bedeutung, die den Vitalitätsformen für die Herstellung eines Kontakts zum Patienten und die Arbeit mit ihnen zukommt. Zu den Bewegungstherapien, die sich auf Vitalitätsformen stützen, zählen neben vielen anderen die Tanztherapie, die Körpertherapie, die Feldenkrais- und die Alexander-Methode. Auch Rollenspieltechniken wären zu nennen. Sie alle zu erläutern, würde den Rahmen dieses Buches sprengen. Das Beispiel der Musiktherapie muss genügen.

Ausschlaggebend ist, dass Vitalitätsformen einen wesentlichen Beitrag zur Erweiterung und Anpassung des intersubjektiven Feldes leisten, das sich zwischen Patient und Therapeut herausbildet; dies gilt für Gesprächstherapien genauso wie für nonverbale Behandlungsmethoden.

Unser Verständnis der Identifizierung und Internalisierung ist nach wie vor unvollständig. Können wir die Verständnislücken schließen, indem wir die Dynamik der Vitalitätsformen untersuchen? Womit identifizieren wir uns, wenn wir uns mit anderen Menschen identifizieren? Mit dem, was sie tun? Mit den Beweggründen, die sie zu ihrem Tun veranlassen? Oder mit der Art und Weise, wie sie es tun? Die Antwort lautet: »Mit all dem.« Dabei ist die Frage, wie etwas getan wird, häufig die komplizierteste. Wir wissen mittlerweile einiges über das »Was?«, und zwar unter anderem dank der Erforschung der Spiegelneuronen. Darüber hinaus wissen wir, dass es im Gehirn Zentren gibt, die die Aufgabe haben, mutmaßliche Intentionen zu entdecken (Ruby und Decety, 2001). Dies hilft uns, das »Warum?« zu verstehen. (Natürlich ist noch weit mehr erforderlich, zum Beispiel eine Geneigtheit, den Aktionen anderer Menschen Beachtung zu schenken, sie wahrzunehmen und über mögliche Intentionen und Motive nachzudenken.)

Wenden wir uns noch einmal dem »Wie?« zu. Es ist immer wieder beeindruckend festzustellen, dass man den gleichen Gang hat wie der eigene Vater bzw. die Mutter, dass man sich genauso bewegt, den Kopf auf eine typische Weise und mit dem gleichen Gesichtsausdruck zu Seite neigt oder auf die gleiche Weise, wie sie es tun oder getan haben, aufseufzt. Dieses Seufzen ist nicht irgendein Seufzen. Was es so besonders macht, sind seine dynamischen Eigenschaften – die Intensität und Dauer, mit der wir ausatmen, die Spannung der Stimmbänder und des Mundöffnens, der Laut, mit dem der Seufzer anhebt, sein Verklingen und so weiter. (Erinnern wir uns daran, dass die Spiegelneuronen sowohl bei unsichtbaren Stimmbandbewegungen aktiviert sind als auch bei sichtbaren Gesten.) Jeder Seufzer hat einen Anfang, eine Mitte und ein Ende; irgendwo auf dieser Zeitlinie liegt eine Betonung. Um den Seufzer eines Anderen »in sich aufzunehmen«, muss man in der Haut dieses Anderen gesteckt haben. So gesehen, sind Identifizierung und Internalisierung ein Eintauchen in das dynamische Erleben eines anderen Menschen, das umfänglicher ist als empathisches Mitfühlen. Ohne die Vitalitätsformen hätten Identifizierung und Internalisierung größere Ähnlichkeit mit Handlungsanweisungen als mit einem gefühlten Sich-in-den-Anderen-Hineinversetzen.

Wir können diese psychischen, außerhalb des bewussten Gewahrseins ablaufenden Prozesse schon bei kleinen Kindern beobachten. Häufig stellen wir uns Identifizierung und Internalisierung als etwas vor, das mit dem

Lernen im Allgemeinen nichts zu tun hat und sich auch weniger gut erklären lässt. Aber wir lernen zu sprechen, indem wir anderen beim Sprechen zuhören. Wir lernen zu seufzen, indem wir andere seufzen hören und/oder sehen. Die Mechanismen sind andere, doch das Endergebnis des Lernens, wie man etwas Bestimmtes tut, ist ähnlich.

In einer durchschnittlichen Kernfamilie ist der Säugling ständig von denselben Menschen umgeben. In den ersten Lebensjahren ergibt sich keine Gelegenheit, außerhalb der Familie zu lernen, was Menschen wie und warum tun. Das heißt, in diesem Bereich findet kein generalisiertes Lernen statt. Kinder müssen lernen, jemand anderer zu sein, während sie lernen, sie selbst zu sein. Sie erwerben ein Repertoire an Vitalitätsformen, aus denen sie wählen können.

Tag für Tag sehen wir andere Menschen, die mancherlei Aktivitäten ausführen. Wir beobachten, wie sie es tun. Wir erfassen den Kontext. Doch warum ist dies überhaupt interessant für uns? Woran liegt es, dass uns das Was, Warum und Wie einer bestimmten Aktivität auffällt und wir es »verinnerlichen«, es internalisieren, es nachempfinden oder uns mit ihm identifizieren? Wenn wir diese Frage nicht beantworten können, büßt der gesamte Rest einen Großteil seines klinischen Wertes ein.

Die Aktivität eines Anderen, mit der wir uns identifizieren, muss speziell zu diesem Anderen gehören. Sie muss seine persönliche Handschrift tragen. Sie kann nicht lediglich Teil einer Kategorie von Aktivitäten sein. Die Vitalitätsformen der Aktivitäten des Anderen müssen für ihn spezifisch sein. Ebendies macht ihre Einzigartigkeit aus.

Gravierender noch ist, dass uns das Verhalten, das andere in unserer Gegenwart zeigen, unausgesetzt fesseln und überwältigen würde, wenn wir keine Auswahl träfen. Das System unserer Spiegelneuronen würde zum Gefangenen des Spiegelneuronensystems anderer Menschen. Das bedeutet, dass Mechanismen aktiv sein müssen, die Reize zulassen oder aber blockieren (Gating).

Am Anfang steht die Auswahl des spezifischen Anderen, des Objekts der Identifizierung. Mit diesem Menschen muss uns eine ganz besondere Beziehung verbinden. Anders wäre die gesamte weitere Entwicklung undenkbar. Weil er in der Realität oder in der Phantasie etwas Besonderes für uns ist, messen wir seinem Verhalten besonderen Wert bei. Wir lieben, hassen, respektieren, fürchten, bewundern ihn, wir hängen an ihm oder sind von ihm abhängig – kurz, unsere Beziehung zu diesem Menschen muss wichtig sein. Seine Gegenwart hat für uns einen speziellen (bewussten oder unbewussten) Wert. Dieser Wert beruht auf früheren Erfahrungen, die wir mit ihm oder mit seinem Prototyp gemacht haben. Sie sind es, die eine Verknüpfung zwischen ihm und den Motivations- und Emotionszentren in unserem Gehirn herstellen. Durch diese Verbindung wird der »ganz besondere« Andere »besetzt«. Infolgedessen werden die mit ihm assoziierten Arousal-, Motivations- und Emotionszentren schon durch seine bloße Anwesenheit aktiviert.

Freud (1950c [1895]) hat diesen Vorgang erstmals beschrieben und ihn unter Verweis auf die psychische Energie, die an ein Objekt (eine Vorstellung etc.) gebunden wird, als »libidinöse Besetzung« bezeichnet. Die Psychoanalyse hat diese Theorie, die auf der »Ökonomie« psychischer Energie als psychische Realität beruht, teilweise beibehalten. Allerdings wird die psychische Energie heutzutage eher als Metapher für die Wertigkeit oder affektive Valenz des Erregungsgrads verstanden, den ein Objekt hervorruft (Laplanche und Pontalis, 1967). Ich werde weiterhin von Wertigkeit oder Valenz sprechen, weil diese Begriffe auch in zahlreichen Nachbardisziplinen verwendet werden. Wertigkeit misst sich nach Arousal und Emotionen.

Aufgrund früherer Erfahrungen haben wir also ein Individuum als Identifizierungsobjekt, das wir internalisieren werden, auserwählt. Doch wie wird es internalisiert? Überhaupt nicht – weder als ganzes Objekt noch als »Partialobjekt« (etwa als Brust). Internalisiert werden vielmehr die Vitalitätsformen unserer Identifizierungsobjekte, die mit spezifischen Aktionen, Gefühlen, Einstellungen und Reaktionen sowie mit der Art zusammenhängen, wie sie auf uns eingehen, und mit den Gefühlen, die sie in uns wecken. Diese Vitalitätsformen werden internalisiert, und mit ihnen identifizieren wir uns. Was wir in uns aufnehmen, haben wir auf einer intimen und lokalen Ebene erlebt. Internalisiert werden nicht »Objekte«, sondern Interaktionserfahrungen.

Nehmen wir an, dass ein »besetzter Anderer« voller Geringschätzung den Blick abwendet oder dass er einen Verführungsversuch unternimmt, in jedem Fall also eine Reaktion zeigt, die gut sichtbar bzw. hörbar ist; der »besetzte Andere« könnte auch ein Baby im Arm wiegen und seine gesamte Körperhaltung darauf abstimmen. Diese Aktivitäten mitsamt ihren Vitalitätsformen sind die Wahrnehmungen, die für den sich identifizierenden Beobachter von Belang sind.

Wie internalisieren wir die auf der lokalen Ebene stattfindenden Aktivitäten eines anderen Menschen, der für uns besonders wichtig ist? LeDoux (1996) hat Vermutungen dazu angestellt. Erinnern wir uns, dass die

Arousalsysteme die Aktivierung der augenblicklichen Wahrnehmungen verstärken. Gleichzeitig bleiben weniger beteiligte Wahrnehmungsprozesse selektiv inaktiviert (siehe 4. Kapitel). Welche Implikationen hat diese Grundidee?

Anzunehmen ist, dass die bloße Gegenwart und die Aktivitäten von Menschen, die geliebt, gehasst oder gefürchtet werden oder an denen wir hängen, jene Arousal- und Motivationszentren aktivieren, die diese Zustände regulieren. Nehmen wir weiterhin an, dass ein »besetzter Anderer« eine Aktion (zum Beispiel das geringschätzige Abwenden des Blicks) ausführt. Diese Aktionen nimmt der sich identifizierende Beobachter am »besetzten Anderen« wahr.

In einer solchen Situation werden die Arousalsysteme doppelt aktiviert – erstens durch die Anwesenheit des »besetzten Anderen«, das heißt über die Aktivierung der Motivationszentren, und zweitens durch die »aktuelle Wahrnehmung« einer spezifischen Aktion mitsamt ihrer spezifischen Vitalitätsform. Die Arousalsysteme schicken daraufhin Signale an den Kortex, um die Aktivierung der bereits angelaufenen »aktuellen Wahrnehmung« (des geringschätzigen Wegschauens) zu verstärken. Diese Beobachtung wird folglich selektiv stärker aktiviert. Sie wird zu einer prominenten, besonders herausgehobenen Aktion, die Aufmerksamkeit und Interesse auf sich zieht. Auch das Spiegelneuronensystem kommt ins Spiel. Es konzentriert sich auf die prominente Aktion des »besonderen« anderen Menschen und erzeugt eine virtuelle Ausführung seiner Aktion, eine imaginierte Bewegung. Diese imaginierte Bewegung muss exakt der dynamischen Form des Originals entsprechen. Die virtuelle Ausführung kann dann den neuronalen Schaltkreis verändern, der steuert, wie der sich identifizierende Beobachter eine solche Aktion in einem bestimmten Kontext durchführen wird. Derjenige, der sich identifiziert hat, verfügt also am Ende über eine modifizierte Geste für die betreffende Aktion und über ein Gespür dafür, wie es sich anfühlt, die Aktion genauso durchzuführen, wie der beobachtete Andere es ursprünglich getan hat. Ein Baustein einer größeren Internalisierung hat seinen Platz gefunden.

Was wir als Empathie bezeichnen, umfasst all diese Vorgänge – Objektwahl, Sympathie, Empathie und Aktivität. Diese Prozesse finden aber nicht der Reihe nach statt; sie führen einen Dialog miteinander und prägen sich gegenseitig.

Die oben beschriebene Zerlegung der Empathie in ihre einzelnen Prozesse kann sich als hilfreich erweisen, wenn wir unsere therapeutischen

Reaktionen oder Unzulänglichkeiten beurteilen wollen – vor allem dann, wenn diese mit unserer »Gegenübertragung« zusammenhängen, also mit jenen Situationen, in denen wir allzu rasch zu empathischen Äußerungen neigen oder in denen unsere Reaktionen übertrieben gehemmt oder übertrieben enthemmt sind. Sie ist auch und in jenen Momenten von Nutzen, in denen Objektwahl und empathisches Handeln erfolgen.

Vielleicht sind wir in dem Versuch, den Prozess des »In-sich-Aufnehmens« – die Grundlage von Identifizierung, Empathie und Internalisierung – zu verstehen, einen Schritt weitergekommen. Diese Prozesse sind für die klinische Theorie und Praxis ohne Frage außerordentlich wichtig und müssen deshalb weiter erforscht werden.

Vitalitätsformen, Authentizität und Lebendigkeit

Authentizität ist für den Patienten und den Therapeuten unerlässlich. Sie ist kein Alles-oder-nichts-Zustand, vielmehr gibt es schwankende Grade an Authentizität (denken wir nur an die Höflichkeit). Wie ihre Nuancen ohne wesentliche Beteiligung der Vitalitätsformen vermittelt werden sollten, ist schwer vorstellbar. Ekman, Friesen und O'Sullivan (1988) haben gezeigt, dass man authentische Gesichtsausdrücke (die die Wahrheit »sagen«) und inauthentische Gesichtsausdrücke (die lügen) aufgrund ihrer Vitalitätsdynamik voneinander unterscheiden kann (siehe 3. Kapitel). In natürlichen Situationen, Therapiesitzungen inbegriffen, umfasst Authentizität noch weit mehr, nämlich Gesten, Körperhaltung, Muskeltonus, Stimme und Sprache. Dementsprechend gibt es zahlreiche Möglichkeiten, um variierende Authentizitätsgrade auszudrücken. Um dieses schwierige Thema zu illustrieren, betrachten wir das Beispiel eines kleinen Jungen.

- Eine Mutter und ihr neun Monate alter Sohn saßen nebeneinander auf dem Boden und spielten mit einem Puzzle.
- Der Junge hob ein Puzzleteilchen auf und führte es an den Mund.
- In normalem Tonfall sagte seine Mutter: »Nein, das kann man nicht essen, es ist ein Blatt [des Puzzlebildes].« Gleichzeitig hielt sie seinen Arm fest.
- Der Junge antwortete: »Ugh.« Dann versuchte er abermals, das Puzzleteil an den Mund zu führen.
- Mit strengerer Stimme wiederholte sie: »Nein!«

– Er gab zur Antwort: »Uugghh.«
– Mit noch stärkerem Nachdruck sagte sie: »NEIN, DAS KANN MAN NICHT ESSEN!!!«
– Er steigerte sich ebenfalls: »UUGGHH!!«
– Nun beugte sie sich zu ihm hinunter, ihre Augenbrauen senkten sich, und sie sagte mit flacher Stimme, ohne Melodie und mit erheblicher vokaler Spannung (wie im Zorn): »SCHREI DEINE MUTTER NICHT AN. ICH HABE NEIN GESAGT!«
– Woraufhin er noch stärker »aufdrehte« und noch lauter sagte: »UUGGGHHH!!!«
– An diesem Punkt gab sie nach und gestand ihm den Sieg zu. Sie richtete sich wieder auf, ihre Mimik wurde sanfter, und sie zauberte ein leises, verführerisches Lächeln auf ihr Gesicht. Mit melodisch klingender Stimme fragte sie ihn: »Schmeckt das gut?«
– Er steckte sich das Puzzleteil in den Mund.
– Nun ließ sie ihn für seinen Sieg zahlen. Mit angewidertem Naserümpfen und leicht verächtlichem Ton sagte sie: »Es ist doch nur Pappe, schmeckt das wirklich gut?«

Die Mutter stammte aus einer Familie, in der »Machos« das Sagen hatten. Ihre Eltern führten über alles und jedes Verhandlungen. Ihre Mutter sagte »nein«, der Vater sagte »ja«. Der Vater wurde zunehmend lauter, bis seine Frau sich schließlich körperlich bedroht fühlte und nachgab. Wenn er seinen Willen durchgesetzt hatte, zahlte sie es ihm heim, indem sie ihn mit Verachtung und Geringschätzung strafte: »Du bist ein Idiot, du benimmst dich wie ein Kleinkind«, und so weiter.

Die Mutter des kleinen Jungen und ihr älterer Bruder hatten dieses Muster reproduziert. Mittlerweile prägte es auch die Beziehung zu ihrem eigenen Ehemann, dem Vater des kleinen Jungen.

Infolgedessen ging es in der oben geschilderten Szene nicht lediglich darum, dass die Mutter ihrem Baby verbieten wollte, Gegenstände in den Mund zu nehmen. Vielmehr lernte der Kleine auch, wie man mit einer Frau verhandelt. Entscheidend war der Moment, in dem sie seinem Crescendo nachgab und so tat, als habe er gewonnen. Wann sind die »Aufrichtigkeitsbedingungen« so beschaffen, dass man von Authentizität sprechen kann?

Dreh- und Angelpunkt sind das Abwägen, Beurteilen und Agieren von Authentizität. Darin bestand die wichtige kulturelle Botschaft. Das Verbot, Gegenstände in den Mund zu nehmen, diente lediglich als probates Vehikel. Darüber hinaus wurde die Verhandlung in erster Linie durch Veränderungen der Vitalitätsformen geführt.

Wir dürfen nicht vergessen, dass der kleine Junge erst neun Monate alt war. Auf nonverbalem Weg aber lernte er bereits, wie man über die Authentizität des Begehrens verhandelt. Er wird den Rest seines Lebens damit verbringen, sein einschlägiges Wissen zu erweitern. Es wird auch im Behandlungszimmer ins Spiel kommen. Ohne Vitalitätsformen als Medium wäre all dies unmöglich.

Abschließend ein völlig anders gelagertes Beispiel, das illustriert, wie wenig wir über Identifizierung, Empathie und die Funktion, die die Vitalitätsformen dabei erfüllen, wissen. Es betrifft die Übertragung und Gegenübertragung. Heller und Haynal (1997) haben Therapiesitzungen mit Patienten, bei denen die Gefahr eines neuerlichen Suizidversuchs hoch war, auf Video aufgezeichnet. Die Therapeuten konnten nicht voraussagen, wer einen weiteren Versuch unternehmen würde. Auf der bewussten Ebene war es ihnen nicht klar. Heller und Haynal sowie weitere Experten untersuchten detailliert die Mimik dieser Risikopatienten. Mit Hilfe von Ekmans und Friesens (1978) *Facial Action Coding System* vermochten sie nicht vorherzusagen, wer einen weiteren Suizidversuch unternehmen würde. Als sie aber die Gesichtsausdrücke der *behandelnden Therapeuten* analysierten, konnten sie mit hoher Sicherheit voraussagen, welcher Patient versuchen würde, sich das Leben zu nehmen!

Irgendetwas am Verhalten der Patienten muss in den Therapeuten Vitalitätsformen aktiviert haben, die ihnen (unbewusst) vermittelten, wie authentisch der Wunsch der Patienten war, am Leben zu bleiben. Es war, als sei ein Schatten auf ihre Vitalität gefallen. Vielleicht gehe ich einen Schritt zu weit. Doch die Übertreibung macht deutlich, welche Möglichkeiten der klinischen Forschung sich erschließen, wenn man die Vitalitätsformen in den Vordergrund rückt.

Wir müssen stets bedenken, dass Veränderung und Heilung in der Therapie weder durch den theoretischen Ansatz noch durch spezifische behandlungstechnische Maßnahmen herbeigeführt werden. Das ausschlaggebende Behandlungselement ist die Beziehungserfahrung. Die meisten Untersuchungsergebnisse stützen diese Schlussfolgerung (BCPSG, 2009, 2010). Ich habe zu zeigen versucht, dass die therapeutische Beziehung ihre Lebendigkeit unter anderem aus dem Zusammenspiel der Vitalitätsformen bezieht. Sie sind für die Psychotherapie wesentlich, ob wir sie explizit anerkennen oder nicht.

In Gesprächen über die Supervision angehender Therapeuten ist häufig zu hören, dass all das, was der Auszubildende dem Supervisor nicht erzählt, genau das ist, was in der Sitzung recht eigentlich passiert ist.

Gesamtüberblick

Das Buch lenkt die Aufmerksamkeit erstens auf den Bereich der dynamischen Vitalitätsformen. Es zeigt, dass ein solcher Bereich existiert und dass er von den Bereichen Emotion, Sensation und Kognition getrennt ist und sich von ihnen unterscheidet. Er ist eigenständig.

Die zweite Aufgabe bestand darin, den Stellenwert der dynamischen Vitalitätsformen in der Psychologie, den Künsten, der Psychotherapie, der Kinderentwicklung und den Neurowissenschaften zu beschreiben. Sie sind als Bestandteile des Erlebens allgegenwärtig.

Drittens soll das Buch Einfluss auf einige unserer Konzepte ausüben und weitere Forschungswege bahnen, die in diesen Bereich und all seine Randgebiete hineinführen.

Literatur

Als, H. (1984). *A Manual for the Naturalistic Observation of the Newborn (Preterm and Fullterm).* Revid. Ausgabe. Boston, MA (Dept. of Psychiatry, Harvard Medical School).

Als, H., G. Lawhon, F. Duffy, G. McAnulty, R. Gibes-Grossman und J. Blickman (1994). Individualized developmental care for the very low-birth-weight preterm infant. Medical and neurofunctional effects. *JAMA* 272(11), 853-858.

Anders, T. (1994). Infant sleep, nighttime relationships and attachment. *Psychiatry* 57, 11-21.

Anders, T., und M. Keener (1985). Developmental course of nighttime sleep-wake patterns in full-term and preterm infants during the first year of life. I. *Sleep* 8, 173-192.

Ansermet, F., und P. Magistretti (2004). *A Chacun Son Cerveau: plasticité neuronal et inconscient.* Paris (Odile Jacob). (2005) *Die Individualität des Gehirns. Neurobiologie und Psychoanalyse.* Übers. von J. Schröder. Frankfurt am Main (Suhrkamp).

Balakian, A. (1967). *The Symbolist Movement: A Critical Appraisal.* New York (Random House).

Banes, S. (1987). *Terpsichore in Sneakers: Democracy's Body.* Middletown, CT (Houghton Mifflin).

Beebe, B. (1982). Micro-timing in mother-infant communication. In: M. Key (Hrsg.). *Nonverbal Communication Today: Current Research.* New York (Mouton), S. 169-195.

Beebe, B., D. Sorter, J. Rustin und S. Knoblauch (2005a). A comparison of Meltzoff, Trevarthen und Stern. In: dies. (Hrsg.). *Forms of Intersubjectivity in Infant Research an Adult Treatment.* New York (Other Press), S. 29-54.

Beebe, B., D. Sorter, J. Rustin und S. Knoblauch (Hrsg.) (2005b). *Forms of Intersubjectivity in Infant Research an Adult Treatment.* New York (Other Press).

Belin, P., S. McAdams, L. Thivard, B. Smith, S. Savel, M. Zilbovicius, S. Samson und Y. Samson (2002). The neuroanatomical substrate of sound duration discrimination. *Neuropsychologia* 40, 1956-1964.

Bellour, R. (1979). *The Analysis of Film.* Bloominton, IN (Indiana Univers. Press). 2. Aufl. 2001.

Birdwhistell, R. (1970). *Kinesics and Context.* Philadelphia, PA (University of Pennsylvania Press).

Bolivar, V. J., A. J. Cohen und J. C. Fentress (1994). Semantic and formal congruence in music and motion pictures: effects on the interpretations of visual action. *Psychomusicology* 13, 122-154.

Borchmeyer, D. (1982). *Das Theater Richard Wagners.* Stuttgart (Reclam).

Bornstein, M. H. (1981). »Human infant color vision and color perception« reviewed and reassessed: a critique of Werner and Woolen (1979a). *Infant Behavior and Development* 4(5), 119-150.

Boston Change Process Study Group (BCPSG) (2002). Explicating the implicit: the local level and the microprocess of change in the analytic situation. *International Journal of Psychoanalysis* 83, 1051-1062. (2004) Das Implizite erklären: Die lokale Ebene und der Mikroprozess der Veränderung in der analytischen Situation. Übers. von E. Vorspohl. *Psyche* 58(9/10), 935-952.

Boston Change Process Study Group (BCPSG) (2005a). The »something mor« than interpretation revisited: sloppiness and co-creativity in the psychoanalytic encounter. *Journal of the American Psychoanalytic Association* 53(3), 761-769.

Boston Change Process Study Group (BCPSG) (2005b). Response to commentaries.*Journal of the American Psychoanalytic Association*53(3), 761-769.

Boston Change Process Study Group (BCPSG) (2008). Forms of relational meaning: issues in the relations between the implicit and reflective/verbal domains. *Psychoanalytic Dialogues* 18, 125-148.

Boston Change Process Study Group (BCPSG) (2009). *Clinical Meaning in the Psychoanalytic Situation.* New York (W. W. Norton).

Boston Change Process Study Group (BCPSG) (2010). *Change in Psychotherapy: A Unifying Paradigm.* New York (W. W. Norton). [Deutsche Ausgabe bei Brandes & Apsel in Vorbereitung.]

Bråten, S. (Hrsg.) (1998). *Intersubjective Communication and Emotion in Ontogeny: A Sourcebook.* Cambridge (Cambridge University Press).

Bråten, S. (Hrsg.) (2007). *On Being Moved: From Mirror Neurons to Empathy.* Amsterdam (John Benjamins Publishing Co.).

Brazelton, T. B. B. (1973). *The Neonatal Behavioral Assessment Scale.* Clinics in Developmental Medicine, No. 50. London (Spastics International Medical Publishers).

Brazelton, T. B. B. (1982). Joint regulation of neonate-parental behavior. In: E. Z. Tronick (Hrsg.). *Social Interchange in Infancy.* Baltimore, MD (University Park Press), S. 7-22.

Brazelton, T. B. B., J. K. Nugent und B. B. Lester (1987). The Neonatal Behavioral Assessment Scale. In: J. Osofsky (Hrsg.). *Handbook of Infant Development.* New York (Wiley), S. 780-817.

Brazelton, T. B. B., B. Koslowski und M. Main (1974). The origins of reciprocity: the early mother-infant interaction. In: I. Lewis, L. A. Rosenberg und M. Main (Hrsg.). *The Effects of the Infant on its Caregiver.* New York (Wiley).

Brentano, F. (1874). *Psychologie vom empirischen Standpunkt.* 3 Bde. Leipzig (Meiner) 1924-1928).

Bruschweiler-Stern, N. (2000). Modèle d'intervention préventive au cours de la période néonatale. *Prisme* 33, 126-139.

Bruschweiler-Stern, N. (2003). A multifocal neonatal intervention. In: A. J. Sameroff, S. C. McDonough und K. L. Rosenblum (Hrsg.). *Treating Parent-Infant Relationship Problems: Strategies for Intervention.* New York (Guilford Press), S. 188-212.

Bruschweiler-Stern, N. (2009). The neonatal moment of meeting – building the dialogue, strengthening the bond. Child and Adolescent Psychiatric Clinics of North America 18, 533-544.

Calvert, G. A., M. J. Brammer, E. T. Bullmore, R. Camptbell, S. D. Iversen und A. S. David (1999). Response amplification in sensory-specific cortices during crossmodal binding. *NeuroReport* 10(12), 2619-2623.

Chiron, J. I., R. Nabbout, R. Lounes, A. Syrota und O. Dulac (1997). The right brain hemisphere is dominant in human infants. *Brain* 1057-1065.

Chugani, H. T. (1996). Neuroimaging of developmental nonlinearity and developmental pathologies. In: R. W. Thatcher, G. Reid Lyon, R. Rumsey und N. Krasnegor (Hrsg.). *Developmental Neuroimaging: Mapping the Development of Brain and Behavior.* San Diego, CA (Academic Press), S. 187-195.

Clynes, M. (1973). Sentics: biocybernetics of emotion communication. *Annals of the New York Academy of Sciences* 220, 55-131.

Clynes, M., und E. Nettheim (1982). The living quality of music. In: M. Clynes (Hrsg.). *Music, Mind and Brain.* New York (Plenum).

Collingridge, G. L., J. T. R. Isaac und Y. T. Wang (2004). Receptor trafficking and synaptic plasticity. *Nature Reviews* 5, 952-962.

Condon, W. S., und W. D. Ogston (1967). A segmentation of behavior. *Journal of Psychiatric Research* 5, 221-235.

Condon, W. S., und L. S. Sander (1974). Neonate movement is synchronized with adult speech: interactional participation and language acquisition. *Science* 183, 99-101.

Cooper, A. M. (2005). *The Quiet Revolution in American Psychoanalysis: Collected Papers of Arnold Cooper.* Hrsg. Von E. L. Auchincloss. Hove (Brunner-Routledge).

Crystal, D. (1975). *The English Tone of Voice: Essays in Intonation, Prosody, and Paralanguage.* London (Edward Arnold).

Damasio, A. (1994). *Descartes' Error.* New York (Grosset/Putnam). (1997) *Descartes' Irrtum. Fühlen, Denken und das menschliche Gehirn.* Übers. von H. Kober. München (dtv).

Damasio, A. (1999). *The Feeling of What Happens.* New York (Harcourt Brace & Co). (2000) *Ich fühle, also bin ich. Die Entschlüsselung des Bewusstseins.* Übers. von H. Kober. München (List).

Deak, F. (1993). *Symbolist Theatre: The Formation of an Avant Garde.* Balitmore, MD (Johns Hopkins University Press).

DeCasper, A. J., und W. P. Fiver (1980). Of human bonding: newborns prefer their mothers' voices. *Science* 208, 1174-1176.

DeCasper, A. J., und M. J. Spence (1986). Prenatal maternal speech influences newborns' perception of speech sounds. *Infant Behavior and Development* 9, 133-150.

Deleuze, G. (1969). *The Logic of Sense.* New York (Columbia University Press). (1994) *Logik des Sinns.* Übers. von B. Dieckmann. Frankfurt am Main (Suhrkamp).

Dubowitz, L. M., J. Mushin, L. DeVries und G. B. Arden (1986). Visual function in the newborn infant: is it cortically mediated? *Lancet* I, 1139-1141.

Duchting, H. (1997). *Paul Klee: Painting Music.* München (Prestel).

Dunn, W. (1997). Implementing neuroscience principles to support habituation and recovery. In: C. Christiansen und C. Baum (Hrsg.). *Occupational Therapy: Enabling Function and Well-Being.* Thorofare, NJ (Slack), S. 182-232.

Edelman, G. M. (1990). *The Remembered Present: A Biological Theory of Consciousness.* New York (Basic Books).

Eimas, P. D., E. R. Siqueland, P. Jusczyk und J. Vigorito (1971). Speech perception in infants. *Science* 171, 303-306.

Eitan, Z., und R. Y. Granot (2006). How music moves: musical parameters and listeners' images of motion. *Music Perception* 23(3), 221-247.

Ekman, P., und W. V. Friesen (1976). *Unmasking the Face: A Guide to Recognizing Emotions from Facial Clues.* Englewood Cliffs, NJ (Prentice-Hall).

Ekman, P., und W. V. Friesen (1978). *Facial Action Coding System.* Palo Alto, CA (Consulting Psychologists Press).

Ekman, P., und W. V. Friesen (1982). Felt, false, and miserable smiles. *Journal of Nonverbal Behavior 6(4), 238-252.*

Ekman, P., W. V. Friesen und R. J. Davidson (1990). The Duchenne smile: emotional expression and brain physiology: II. *Journal of Personality and Social Psychology* 58(2), 342-353.

Emde, R. N., und R. Harmon (1984). *Continuities and Discontinuities in Development.* New York (Plenum Press).

Fernald, A. (1984). The perceptual and affective salience of mothers' speech to infants. In: L. Fagans, C. Garvey und R. Golinkoff (Hrsg.). *The Origin and Growth of Communication.* Norwood, NJ (Ablex), S. 5-29.

Ferrandez, A. M., L. Hugueville, S. Lehericy, J. B. Poline, C. Marsault und V. Pouthas (2003). Basal ganglia and supplementary motor area subtend duration perception: an fMRI study. *NeuroImage* 19, 1532-1544.

Field, T. M. (2003). Stimulation of preterm infants. *Pediatric Review* 24, 4-11.

Fleischer, M. (2007). *Embodied Texts: Symbolist playwright-dancer collaborations.* Amsterdam (Editions Rodopi).

Fogel, A. (1993). *Developing through Relationships: Origins of Communication, Self and Culture.* Chicago, IL (University of Chicago Press).

Fonagy, P., und M. Target (1997). Attachment and reflective function: their role in self-organization. *Development and Psychopathology* 9, 679-700.

Fontani, G., S. Migliorini, R. Benocci, A. Facchini, M. Casini und F. Corradeschi (2007). Effect of mental imagery on the development of skilled motor actions. *Perception and Motor Skills* 105, 803-826.

Freedman, J., und G. Combs (1996). *Narrative Therapy*. New York (W. W. Norton).

Freeman, W. J. (1999). *How Brains Make up their Minds*. London (Weidenfeld & Nicholson).

Freeman, W. J., und W. Schneider (1982). Changes in spatial patterns of rabbit olfactory EEG with conditioning to odors. *Psychophysiology* 19, 44-56.

Freud, S. (1914g). Erinnern, Wiederholen und Durcharbeiten. *G. W.*, Bd. 10, S. 126-136.

Freud, S. (1915a [1914]). Bemerkungen über die Übertragungsliebe. *G. W.*, Bd. 10, S. 306-321.

Freud, S. (1950c [1895]). Entwurf einer Psychologie. *G. W. Nachtr.*, S. 387-477.

Frijda, N. H., und M. Zeelenberg (2001). Appraisal: what is the dependent? In: K. R. Scherer, A. Schorr und T. Johnstone (Hrsg.). *Appraisal Processes in Emotion: Theory, Methods, Research.* Oxford (Oxford University Press), S. 141-156.

Gage, F. H., G. Kempermann und H. Song (Hrsg.) (2008). *Adult Neurogenesis.* Cold Spring Harbor, NY (Cold Spring Harbor Laboratory Press).

Gallagher, M., und P. Holland (1994). The amygdala complex: multiple roles in associative learning and attention. *Proceedings of the National Academy of Sciences of the USA* 91, 11771-11776.

Gallese, V. (2001). The »shared manifold« hypothesis: from mirror neurons to empathy. *Journal of Consciousness Studies* 8, 33-50.

Gallese, V. (2003). A neuroscientific grasp of concepts: from control to representation. *Philosophical Transactions of the Royal Society B: Biological Sciences* 138, 1231-1240.

Gallese, V., und G. Lakoff (2005). The brain's concepts: the role of the sensory-motor system in conceptual knowledge. *Cognitive Neuropsychology* 21, 1-25.

Garafola, L. (1989). *Diaghilev's Ballets Russes*. New York (Da Capo Press).

Gendlin, E. (1996). *Focusing-Oriented Psychotherapy.* New York (Guilford).

Gentili, R., C. Papaxanthis und T. Pozzo (2005). Improvement and generalization of arm motor performance through motor imagery practice. *Neuroscience* 137(3), 761-772.

Gergely, G., und J. Watson (1999). Early social-emotional development: Contingency perception and the social biofeedback model. In: P. Rochat (Hrsg.). *Early Social Cognition: Understanding Others in the First Months of Life*. Hillsdale, NJ (Lawrence Erlbaum), S. 101-137.

Ghaem, O., E. Mellet, F. Crivello, N. Tzourio, B. Mazoyer, A. Berthoz und M. Denis (1997). Mental navigation along memorized routes activates the hippocampus, precuneus and insula. *Neuroreport* 8, 739-744.

Ghazanfar, A. A., und C. E. Schroeder (2006). Is neocortex essentially multisensory? *Trends in Cognitive Science* 10, 278-285.

Givon, T. (2005). *Context as Other Minds: The Pragmatics of Sociality, Cognition and Communication.* Amsterdam (John Benjamins Publishing Co.).

Golding, R. (1986). Beethoven's Late String Quartets. Philips Classics.

Goodridge, J. (1999). *Rhythm and Timing of Movement in Performance: Drama, Dance and Ceremony.* London (Jessica Kingsley Publishers).

Gordon, E. (2000). Integrative neuroscience: the big picture. In: ders. (Hrsg.). *Bringing Together Biological, Psychological and Clinical Models of the Human Brain.* Amsterdam (Harwood Academic Publishers), S. 1-28.

Haag, G. (1991). Nature de quelques identifications dans l'image du corp hypotheses. *Journal de la Psychanalyse de l'Infant* 10, 73-90.

Haag, G. (2006). Clinique psychoanalytic de l'autism et formation de la countenance. In: A. Green (Hrsg.). *Le Voies Nouvelles de la Thérapeutic Psychanalytiques*. Paris (Le Dedans et le Dehors), S. 600-628.

Häger, B. (1990). *Ballets Suédois.* London (Thames and Hudson).

Haggard, P. (2008). Human volution: towards a neuroscience of will. *Nature Reviews/Neuroscience* 9, 934-946.

Hebb, D. O. (1955). Drives and the CNS. *Psychological Review* 62, 243-245.

Heller, M. (Hrsg.) (2001). *The Flesh of the Soul: The Body We Work with.* Bern (Peter Lang).

Heller, M., und V. Haynal (1997). The doctor's face: a mirror of his patient's suicidal projects. In: J. Guimon (Hrsg.). *The Body in Psychotherapy*. Basel (Karger), S. 46-51.

Hernandez-Reif, M., und T. M. Field (2000). Premature infants benefit from early intervention. In: J. Osofsky und H. Fitzgerald (Hrsg.). *Handbook of Infant Mental Health.* New York (Wiley), S. 297-325.

Hobson, J. A., und M. Steriade (1986). Neuronal basis of behavioral state control. In: V. B. Mountcastle (Hrsg.). *Handbook of Physiology – The Nervous System. Vol. IV.* Bethesda, MD (American Physiological Society), S. 701-823.

Hobson, P. (2002). *The Cradle of Thought.* Oxford (Oxford University Press). (2003) *Wie wir denken lernen. Gehirnentwicklung und die Rolle der Gefühle.* Übers. von C. Trunk. Düsseldorf (Walter).

Hobson, R. P., und A. Lee (1999). Imitation and identification in autism. *Journal of Child Psychology and Psychiatry* 40(4), 649-659.

Holmberg, A. (1996). *The Theatre of Robert Wilson.* Cambridge (Cambridge University Press).

Hsu, D. M. (1966). Ernst Kurth and his concept of music as motion. *Journal of Music Theory* 10, 2-17.

Hughlings Jackson, J. (1931). *Selected Writings of John Hughlings Jackson. Vols. I and II.* London (Stodder and Stoughton).

Husserl, E. (1922). *Ideen zu einer reinen Phänomenologie und phänomenologischen Philosophie. Buch I: Allgemeine Einführung in die reine Phänomenologie.* Hamburg (Meiner) 1992.

Husserl, E. (1928). *Vorlesungen zur Phänomenologie des inneren Zeitbewusstseins.* Tübingen (Niemeyer) 1980.

Iacoboni, M., R. P. Woods, M. Brass, H. Bekkering, J. C. Mazztotta und G. Rizzolatti (1999). Cortical mechanisms of human imitation. *Science* 286, 2526-2538.

Jaffe, J., und S. Feldstein (1970). *Rhythms of Dialogue.* New York (Academic Press).

Jaffe, J., B. Beebe, S. Feldstein, C. Crown und M. Jasnow (2001). Rhythms of dialogue in early infancy. *Monographs of the Society for Research in Child Development* 66(2), 129-141.

James, W. (1890). *The Principles of Psychology. Vols. I and II.* New York (Henry Holt & Co.).

Jeannerod, M., und V. Frak (1999). Mental imaging of motor activity in humans. *Current Opinion in Neurobiology* 9, 735-739.

Jones, T. A., und W. T. Greenough (2002). Behavioral experienced-based plasticity of glial-neuronal interactions. In: A. Volterra, P. J. Magistretti und P. G. Haydon (Hrsg.). *The Tripartite Synapse Glia in Synaptic Transmission.* Oxford (Oxford University Press), S. 248-265.

Jowitt, D. (1988). *Time and the Dancing Image.* Berkeley, CA (University of California Press).

Karns, C. M., und R. T. Knight (2009). Intermodal auditory, visual and tactile attention modulates early stages of neural processing. *Journal of Cognitiv Neuroscience* 21(4), 669-683.

Kaye, K. L., und T. G. R. Bower (1994). Learning and intermodal transfer in newborns. *Psychological Sciences* 5, 268-288.

Keller, H. (1902). *The Story of My Life.* New York (Bantum) 1990. (1977) *Geschichte meines Lebens.* Übers. von W. de Haas. Berlin (Evangelische Verlagsanstalt).

Keller, P. (2008). *Moving in Time During Solo and Ensemble Music Performance.* Vortrag auf der Conference on Dance, Timing and Musical Gesture, Institute for Music in Human and Social Development, University of Edinburgh, 13.-15. Juni 2008.

Kendon, A. (1994). Do gestures communicate? A review. *Research on Language and Social Interaction* 27, 175-200.

Koppe, S., S. Harder und M. Vaever (2009). Vitality affects. *International Forum of Psychoanalysis* 17, 169-179.

Krumhansl, C. L., und D. L. Schenck (1997). Can dance reflect the structural and expressive qualities of music? A perceptual experiment on Balanchine's choreography of Mozart's divertimento No. 15. *Musicae Scientiae* 2, 63-84.

Kumgiumutzakis, G. (1985). *The Origin, Development and Function of Early Infant Imitation.* Dissertation, Dept. of Psychology, University of Uppsala.

Kumgiumutzakis, G. (1988). Neonatal imitation in the intersubjective companion space. In: S. Bråten (Hrsg.). *Intersubjective Communication in Early Ontogeny.* Cambridge (Cambridge University Press), S. 63-88.

Kurth, E. (1931). *Musikpsychologie.* Berlin (Hesse).

Laban, R. (1956). *Principles of Dance and Movement Notation.* London (Macdonald & Evans).

Laban, R., und F. C. Lawrence (1947). *Effort.* London (Macdonald & Evans).

Lacan, J. (1953). Fonction et champ de la parole et du language en psychanalyse. In: ders., *Écrits*. Paris (Seuil), S. 237-322.

Lakoff, G., und M. Johnson (1980). *Metaphors We Live By.* Chicago, IL (University of Chicago Press). (2004) *Leben in Metaphern. Konstruktion und Gebrauch von Sprachbildern.* Übers. von A. Hildenbrand. Heidelberg (Carl Auer).

Lakoff, G., und M. Johnson (1999). *Philosophy in the Flesh. The Embodied Mind and Its Challenge to Western Thought.* New York (Basic Books).

Lamb, W. (1965). *Posture and Gesture: An Introduction to the Study of Physical Behavior.* London (Gerald Duckworth).

Lamprecht, R., und J. LeDoux (2004). Structurel plasticity and memory. *Nature Reviews* 3, 45-54.

Langer, S. K. (1953). *Feeling and Form.* London (Routledge).

Langer, S. K. (1969-1972). *Mind: An Essay on Human Feeling. Vols. 1-3.* London (Johns Hopkins Press).

Laplanche, J., und J. B. Pontalis (1967). *Vocabulaire de Psychanalyse*. Paris (Presses Universitaires de France). (1972) *Das Vokabular der Psychoanalyse.* Übers. von E. Moersch. Frankfurt am Main (Suhrkamp).

Lazarus, R. S. (2001). Relational meaning and discrete emotion. In: K. R. Scherer, A. Schorr und T. Johnstone (Hrsg.). *Appraisal Processes in Emotion: Theory, Methods, Research.* Oxford (Oxford University Press), S. 37-67.

LeDoux, J. E. (1996). *The Emotional Brain.* New York (Simon & Schuster). (1998) *Das Netz der Gefühle. We Emotionen entstehen.* Übers. von F. Griese. München (Hanser).

LeDoux, J. E. (2002). *Synaptic Self: How Our Brains Become Who We Are.* New York (Viking). (2003) *Das Netz der Persönlichkeit. Wie unser Selbst entsteht.* Übers. von C. Trunk. Düsseldorf (Walter).

Lee, D. N. (2005). Tau in action in development. In: J. J. Rieser, J. J. Lockman und C. A. Nelson (Hrsg.). *Action as an Organizer of Learning and Development.* Hillsdale, NJ (Erlbaum), S. 3-49.

Levitin, D. J. (2006). *This is Your Brain on Music.* New York (Dutton). (2009) *Der Musik-Instinkt.* Übers. von A. Held. Heidelberg (Spektrum).

Lindsley, D. B., J. Bowden und H. W. Magoun (1949). Effect upon the EEG of acute injury tot he brain stem activating system. *Electroencephalographic Clinics in Neurophysiology* 1, 475-486.

Lipscomb, S. D., und R. A. Kendall (1994). Perceptual judgement of the relationship between musical and visual components in film. *Psychomusicology* 13, 60-98.

Lorenz, K. Z. (1978). *Vergleichende Verhaltensforschung: Grundlagen der Ethologie.* Wien/New York (Springer).

Loula, F., S. Prasad, K. Harber und M. Shiffrar (2005). Recognizing people from their movement. *Journal of Experimental Psychology: Human Perception and Performance* 31, 210-220.

Lundholm, H. (1921). The affective tone of lines. *Psychological Review* 28, 43-60.

Lurija, A. R. (1970). *Die höheren kortikalen Funktionen des Menschen und ihre Störungen bei örtlichen Hirnschädigungen.* Übers. von P. G. Klemm. Berlin (Deutscher Verlag der Wissenschaften).

Luu, P., und D. M. Tucker (1996). Self-regulation and cortical development: implications for functional studies of the brain. In: R. W. Thatcher, G. Reid Lyon, J. Rumsey und N. Krasnegor (Hrsg.). *Developmental Neuroimaging: Mapping the Development of Brain and Behavior.* San Diego, CA (Academic Press), S. 297-305.

Lyons-Ruth, K. (1998). Implicit relational knowledge: its role in development and psychoanalytic treatment. *Infant Mental Health Journal* 19(3), 282-289.

Macaulay, A. (2007). 33 years and good to the last pirouette. *New York Times*, 25. Juni, S. E1, E5.

McCandliss, B. D., M. I. Posner und T. Givon (1997). Brain plasticity in learning visual words. *Cognitive Psychology* 33, 88-110.

McCormick, D. A., und T. Bal (1994). Sensory gating mechanisms of the thalamus. *Current Opinion in Neurobiology* 4, 550-556.

MacFarlane, A. (1975). Olfaction in the development of social preferences in the human neonate. *CIBA Foundations Symposium* 33, 103-117.

McNeill, D. (2995). *Gesture and Thought.* Chicago, IL (University of Chicago Press).

Malloch, S., C. Trevarthen (2008a). Mothers and infants and communicative musicality. In: *Rhythms, Musical Narrative, and the Origins of Human Communication. Musicae Scientiae, Special Issue, 1999-2000.* Liège (European Society for the Cognitive Sciences of Music), S. 29-57.

Malloch, S., C. Trevarthen (2008b). *Communicative Musicality: Exploring the Basis of Human Companionship.* Oxford (Oxford University Press).

Maratos, O. (1973). *The Origin and Development of Imitation in the First Six Months of Life.* Dissertation, Fachbereich Psychologie, Universität Genf.

Markova, G., und M. Legerstee (2006). Contingeny, imitation and affect sharing: foundations of infants' social awareness. *Developmental Psychology* 42, 132-141.

Marks, L. E. (1978). *The Unity of Senses: Interrelations among the Modalities.* New York (Academic Press).

Meltzoff, A. N. (1981). Imitation, intermodal coordination and representation in early infancy. In: G. Butterworth (Hrsg.). *Infancy and Epistemology.* Brighton (Harvester Press), S. 85-114.

Meltzoff, A. N., und R. W. Borton (1979). Intermodal matching by human neonates. *Nature* 282, 403-404.

Meltzoff, A. N., und A. Gopnik (1993). The role of imitation in understanding persons and developing theories of mind. In: S. Baron-Cohen, H. Tager-Flusberg und D. Cohen (Hrsg.). *Understanding Other Minds: Perspectives from Autism.* Oxford (Oxford University Press), S. 335-366.

Meltzoff, A. N., und M. Moore (1977). Imitation of facial and manual gestures of human neonates. *Science* 198, S. 75-78.

Merleau-Ponty, M. (1945). *Phénoménologie de la perception.* Paris (Librairie Gallimard). (1966) *Phänomenologie der Wahrnehmung.* Übers. von R. Boehm. Berlin (de Gruyter).

Metz, C. (1974). *Language and Cinema.* Den Haag (Mouton).

Moruzzi, G., und H. W. Magoun (1949). Brain stem reticular formation and activation of the EEG. *Electroencephalographics Clinics in Neurophysiology* 1, 455-473.

Murray, L., und C. Trevarthen (1985). Emotional regulation of interactions between two-months-olds and their mothers. In: T. M. Field und N. Fox (Hrsg.). *Social Perception in Infancy.* Norwood, NJ (Ablex), S. 177-197.

Nadel, J., und G. Butterworth (Hrsg.) (1999). *Imitation in Infancy.* Cambridge (Cambridge University Press).

Nenadic, I., C. Gaser, H. P. Volz, T. Rammsayer, F. Häger und H. Sauer (2003). Processing of temporal information and the basal ganglia: new evidence from fMRI. *Experimental Brain Research* 148(2), 238-246.

Okamoto, K. (2008). *Visible and Audible Metre: The Choreomusical Synthesis of the Early Eighteenth Century.* Vortrag, Conference on Dance, Timing and Musical Gesture, Institute for Music in Human and Social Development, University of Edinburgh, 13.-15. Juni 2008.

Olsho, L. W., C. Schoon, R. Sakai, R. Turpin udn V. Sperduto (1982). Preliminary data on frequency discrimination in infancy. *Journal of the Accoustical Society of America* 71, 509-511.

Oxford English Dictionary (OED) (Compact New Ed.). Oxford (Oxford University Press).

Panksepp, J. (1998). *Affective Neuroscience: The Foundations of Human and Animal Emotions.* Oxford (Oxford University Press).

Papousek, M. (1996). Intuitive parenting: a hidden source of musical stimulation in infancy. In: I. Deliege und J. Sloboda (Hrsg.). *Musical Beginnings: Origins and Development of Musical Competence.* Oxford (Oxford University Press), S. 88-112.

Parmelee, A. H., und E. Stern (1972). Development of states in infants. In: C. D. Clemente, D. P. Purpura und F. R. Mayer (Hrsg.). *Sleep and the Maturing Nervous System.* New York (Academic Press), S. 85-98.

Paxton, S. (1993). Drafting interior techniques. *Contact Quarterly* 18, 64-66.

Paxton, S. (2008). Workshop: »Material for the Spine«. Genf, Februar.

Perls, F., R. Hefferline und P. Goodman (1951). *Gestalt Therapy: Excitement and Growth in the Human Personality.* New York (Julian Press).

Person, E., A. M. Cooper und G. O. Gabbard (Hrsg.) (2005). *Textbook of Psychoanalysis.* Washington, DC (American Psychiatric Publishing Inc.).

Pesso, A., und J. Crandell (1991). *Moving Psychotherapy.* Cambridge, MA (Brookline Press).

Petitpierre, P. (1957). *Aus der Malklasse von Paul Klee.* Bern (Benteli).

Pfaff, D. W. (2006). *Brain Arousal and Information Theory: Neural and Genetic Mechanisms.* Cambridge, MA (Harvard University Press).

Pfaff, D. W., und J. R. Banavar (2007). A theoretical framework for CNS arousal. *Bioessays* 29(8), 803-810.

Pfaff, D. W., und B. L. Kieffer (Hrsg.) (2008). Molecular and biophysical mechanisms of arousal, alertness and attention. *Annals of the New York Academy of Sciences* 1129, 1-372.

Philoctetes Center for the Multidisciplinary Study of Imagination (2007). *Approaches to Collaboration: Choreographers and Visual Artists* (Noel Carroll, Roger Copeland, Mary Fleischer, Lynn Garafola und Yvonne Rainer). Philoctetes Center, New York, 8. September 2007.

Piontelli, A. (2001). Startles: activators during early prenatal life. In: C. Einspieler, P. Wolff und H. F. R. Prechtl (Hrsg.). *Acts of the International Symposium on time and Timing in Developmental Neurology.* Graz (Universität Graz), S. 11-12.

Piontelli, A. (2002). *Twins: From Fetus to Child.* London (Routledge).

Piontelli, A. (2007). On the onset of fetal behavior. In: M. Mancia (Hrsg.). *Psychoanalysis and Neuroscience.* Amsterdam (Springer), S. 391-418.

Polanyi, M. (1962). Tacit knowing: its bearing on some problems of philosophy. *Reviews of Modern Physics* 34, 601-616.

Pourtois, G., B. de Gelder, J. Vroomen, B. Rossion und M. Crommelinck (2000). The time-course of intermodal binding between seeing and hearing affective information. *NeuroReport* 11(6), 1329-1333.

Prechtl, H. F. R. (1984). Continuity and change in early neural development. In: ders. (Hrsg.). *Continuity of Neural Functions from Prenatal to Postnatal Life.* London (MacKeith Press), S. 1-15.

Quirk, G. J., C. Repa und J. E. LeDoux (1995). Fear conditioning enhances short-latency auditory responses of lateral amygdala neurons: parallel recordings in the freely behaving rat. *Neuron* 15(5), 1029-1039.

Rainer, Y. (2006). *Feelings are Facts.* Cambridge, MA (MIT Press).

Reddy, V. (1991). Playing with others' expectations: teasing and mucking about in the first year. In: A. Whiten (Hrsg.). *Natural Theories of Mind: Evolution, Development, and Simulation of Everyday Mindreading.* Oxford (Blackwell), S. 143-158.

Rizzolatti, G., L. Fadiga, V. Gallese und L. Fogassi (1996). Premotor cortex and the recognition of motor actions. *Cognitive Brain Research* 3, 131-141.

Rizzolatti, G., L. Fogassi und V. Gallese (2001). Neurophysiological mechanisms underlying the understanding and imitation of action. *Nature Neuroscience Reviews* 22, 661-670.

Robbins, T., und B. Everitt (1996). Arousal systems and attention. In: M. Gazzaniga (Hrsg.). *Handbook of Cognitive Neuroscience.* Cambridge, MA (MIT Press), S. 703-720.

Rochat, P. (Hrsg.) (1999). *Early Social Cognition.* Mahwah, NJ (Erlbaum).

Rochat, P. (2009). *Others in Mind: Social Origins of Self-Consciousness.* Cambridge (Cambridge University Press).

Rosenstein, D., und H. Oster (1988). Differential facial responses to four basic tastes in newborns. *Child Development* 59(6), 1555-1568.

Ruby, P., und J. Decety (2001). Effect of subjective perspective taking during simulation of action: a PET investigation of agency. *Nature Neuroscience* 4(5), 546-550.

Schafer, R. (1981). Narration in the psychoanalytic dialogue. In: W. J. T. Mitchell (Hrsg.). *On Narrative.* Chicago, IL (University of Chicago Press), S. 25-49.

Scheflen, A. E. (1973). *Communicational Structure: Analysis of a Psychotherapy Transaction.* Bloomington, IN (Indiana University Press).

Scherer, K. R. (1993). Studying the emotion-antecedent appraisal process: an expert system approach. *Cognition and Emotion* 7, 325-355.

Scherer, K. R. (2001). Appraisal considered as a process of multilevel sequential checking. In: K. R. Scherer, A. Schorr und T. Johnstone (Hrsg.). *Appraisal Processes in Emotion: Theory, Methods, Research.* Oxford (Oxford University Press).

K. R. Scherer, A. Schorr und T. Johnstone (Hrsg.) (2001). *Appraisal Processes in Emotion: Theory, Methods, Research.* Oxford (Oxford University Press).

Schore, A. N. (2003). *Affect Regulation and the Repair of the Self.* New York (W. W. Norton & Co.). (2007) *Affektregulation und die Reorganisation des Selbst.* Übers. von E. Rass. Stuttgart (Klett-Cotta).

Schore, A. N. (2004). *Affect Regulation and Disorders of the Self.* New York (W. W. Norton & Co.).

Sevdalis, V., und P. Keller (2008). *I Act, Hear and See, But is it Really Me? Cross-Modal Effects in the Perception of Biological Motion.* Poster session, Conference on Dance, Timing and Musical Gesture, Institute for Music in Human and Social Development, University of Edinburgh, 13.-15. Juni 2008.

Sheets-Johnstone, M. (1999: *The Primacy of Movement.* Amsterdam (John Benjamins).

Spence, D. P. (1976). Clinical interpretation: some comments on the nature of the evidence. *Psychoanalysis and Contemporary Science* 5, 367-388.

Stein, B. E., und T. R. Stanford (2008). Multisensory integration: Current issues from the perspective oft he single neuron. *Nature Reviews Neuroscience* 9, 255-266.

Stern, D. N. (1971). A micro-analysis of mother-infant interaction: Behavior regulating social contact between a mother and her three-and-a-half-month old twins. *Journal of the American Academy of Child Psychiatry* 10, 510-517.

Stern, D. N. (1977). *The First Relationship: Mother and Infant.* Cambridge, MA (Harvard University Press). (1979) *Mutter und Kind. Die erste Beziehung.* Übers. von U. Stopfel. Stuttgart (Klett-Cotta).

Stern, D. N. (1984). Affect attunement. In: J. D. Call, E. Galenson und R. L. Tyson (Hrsg.). *Frontiers of Infant Psychiatry* Vol. 2. New York (Basic Books), S. 3-14.

Stern, D. N. (1985). *The Interpersonal World of the Infant: A View from Psychoanalysis and Developmental Psychology.* New York (Basic Books). (1992) *Die Lebenserfahrung des Säuglings.* Stuttgart (Klett-Cotta).

Stern, D. N. (1990). *Diary of a Baby.* New York (Basic Books). (1993) *Tagebuch eines Babys. Was ein Kind sieht, spürt, fühlt und denkt.* Übers. von G. Erb. München (Piper).

Stern, D. N. (1994). One way to build a clinically relevant baby. *Infant Mental Health Journal* 15: 36-54.

Stern, D. N. (1995). *The Motherhood Constellation.* New York (Basic Books). (1998) *Die Mutterschaftskonstellation. Eine vergleichende Darstellung verschiedener Formen der Mutter-Kind-Psychotherapie.* Übers. von E. Vorspohl. Stuttgart (Klett-Cotta).

Stern, D. N. (1999). Vitality contours: the temporal contour of feelings as a basic unit for constructing the infant's social experience. In. P. Rochat (Hrsg.). *Early Social Cognition: Understanding Others in the First Year of Life.* London (Erlbaum), S. 67-90.

Stern, D. N. (2004). *The Present Moment in Psychotherapy and Everyday Life.* New York (W. W. Norton). (2005) *Der Gegenwartsmoment. Veränderungsprozesse in Psychoanalyse, Psychotherapie und Alltag.* Übers. von E. Vorspohl. Frankfurt am Main (Brandes & Apsel).

Stern, D. N., und N. Bruschweiler-Stern (1998). *The Birth of a Mother.* New York (Basic Books).

Stern, D. N., J. Jaffe, B. Beebe und S. Bennett (1975). Vocalizing in unison and in alternation: two modes of communication within the mother-infant dyad. *Annals of the New York Acedemy of Sciences* 263, 89-100.

Stern, D., L. Sander, J. Nahum, A. Harrison, K. Lyons-Ruth, A. Morgan, N. Bruschweiler-Stern und E. Tronick (1998). Non-interpretive mechanisms in psychoanalytic therapy: The »something more« than interpretation. *International Journal of Psycho-Analysis* 79(5), 903-921. (2002) Nicht-deutende Mechanismen in der psychoanalytischen Therapie. Das »Etwas-Mehr« als Deutung. Übers. von E. Vorspohl. *Psyche* 56, 974-1006.

Stern, D. N., S. Spieker, R. Barnett und K. MacKain (1983). The prosody of maternal speech: infant age and context-related changes. *Journal of Child Language* 10, 1-15.

Thelen, E., und L. B. Smith (1994). *A Dynamic Systems Approach tot he Development of Cognition and Action.* Cambridge, MA (MIT Press).

Thompson, R. (1994). Emotion regulation: A theme in search of definition. In: N. A. Fox (Hrsg.). The development of emotional regulation: biological and behavioral aspects. *Monographs of the Society for Research in Child Development* 59: 25-52.

Tinbergen, N. (1951). *The Study of Instinct.* Oxford (Clarendon Press).

Tomasello, M., S. Savage-Rumbaugh und A. C. Kruger (1993). Imitative learning of actions on objects by children, chimpanzees, and enculturated chimpanzees. *Child Development* 64, 1688-1705.

Tomkins, S. S. (1962). *Affect, Imagery, Consciousness. Vol. 1. The Positive Affects.* New York (Springer).

*Tomkins, S. S. (1995). *Exploring Affect: The Selected Writings of S. S. Tomkins.* Cambridge (Cambridge University Press).

Trevarthen, C. (1977). Descriptive analysis of infant communication behaviour. In: H. R. Schaffer (Hrsg.). *Studies in Mother-Infant Interaction: the Loch Lomond Symposium.* London (Academic Press), S. 227-270.

Trevarthen, D. (1985). Facial expressions of emotions in mother-infant interactions. *Human Neurobiology* 4, 21-32.

Trevarthen, C. (1998). The concept and foundations of infant intersubjectivity. In: S. Bråten (Hrsg.). *Intersubjective Communication and Emotion in Early Ontogeny.* Cambridge (Cambridge University Press), S. 15-46.

Trevarthen, C. (1999). Musicality and the intrinsic motive pulse: evidence from human psychology and infant communication. In: *Rhythms, Musical Narrative, and the Origins of Human Communication. Musicae Scientiae, Special Issue, 1999-2000.* Liège (European Society for the Cognitive Science of Music), S. 155-215.

Trevarthen, C. (2008). The musical art of infant conversation: narrating in the time of sympathetic experience, without rational interpretation, before words. In: *Rhythms, Musical Narrative, and the Origins of Human Communication.*

Musicae Scientiae, Special Issue, 1999-2000. Liège (European Society for the Cognitive Science of Music), S. 15-46.

Trevarthen, C., und P. Hubley (1978). Secondary intersubjectivity: confidence, confiding and acts of meaning in the first year. In: A. Lock (Hrsg.). *Action, Gesture and Symbol: The Emergence of Language.* London (Academic Press), S. 183-229.

Trevarthen, C., und S. Malloch (2000). The dance of wellbeing: Defining the musical therapeutic effect. *Norwegian Journal of Music Therapy* 9(2), 3-17.

Trevarthen, C., und S. Malloch (2002). Musicality and music before three: Human vitality and invention shared with pride. *Zero to Three* 23(1), 10-18.

Trolldalen, G. (1997). Music therapy and interplay. *Nordic Journal of Music Therapy* 6, 14-27.

Tronick, E. Z. (1989). Emotions and emotional communication in infants. *American Psychologist* 44(2), 112-119.

Tronick, E., H. Als, L. Adamson, S. Wise und T. B. Brazelton (1978). The infant's response to entrapment between contradictory messages in face-to-face interaction. *Journal of the American Academy of Child Psychiatry* 17, 1-13.

Tustin, F. (1990). *The Protective Shell in Children and Adults.* London (Karnac). (2008) *Der autistische Rückzug. Die schützende Schale bei Kindern und Erwachsenen.* Übers. von E. Vorspohl. Frankfurt am Main (edition diskord bei Brandes & Apsel).

Vaillancourt, D. E., H. Yu, M. A. Mayka und D. M. Corcos (2007). Role of the basal ganglia and frontal cortex in selecting and producing internally guided force pulses. *NeuroImage* 36, 793-803.

Varela, F. J., E. Thompson und E. Rosch (1991). *The Embodied Mind.* Cambridge, MA (MIT Press). (1992) *Der mittlere Weg der Erkenntnis: die Beziehung von Ich und Welt in der Kognitionswissenschaft - der Brückenschlag zwischen wissenschaftlicher Theorie und menschlicher Erfahrung.* [Einzig berecht. Übers. von H. G. Holl. Bern/München/Wien (Scherz).

De Vries, J. I. P., G. H. A. Visser und H. F. R. Prechtl (1982). The emergence of fetal behavior: I. Qualitative aspects. *Early Human Development* 7, 301-322.

De Vries, J. I. P., G. H. A. Visser und H. F. R. Prechtl (1984). The emergence of fetal behavior: II. Quantitative aspects. *Early Human Development* 16, 85-103.

Walker, M. (2008). *Counting and recounting: The Tihai as dance genre.* Vortrag auf der Conference on Dance, Timing and Musical Gesture, Institute for Music in Human and Social Development, University of Edinburgh, 13.-15. Juni 2008.

Webster's New Twentieth Century Dictionary (1980). New York (William Collins Publishers Inc.).

Werner, H. (1940). *Comparative Psychology of Mental Development.* New York (Harper).

Werner, H. und B. Kaplan (1963). *Symbol Formation: An Organismic-developmental Approach to Language and the Expression of Thought.* New York (Wiley).

Werner, H., und S. Wapner (1949). Sensory-tonic field theory of perception. *Journal of Personality* 18, 88-107.

Whiten, A. (1991). *Natural Theories of Mind: Evolution, Development, and Simulation of Everyday Mindreading.* Oxford (Blackwell).

Wigram, T. (2004). *Improvisation: Methods and Techniques for Music Therapy Clinicians, Educators and Students.* London (Jessica Kingsley Publishers).

Williams, L. M. (2006). An integrative neuroscience model of »significance« processing. *Journal of Investigative Neuroscience* 5(1), 1-47.

Wilson, R., D. N. Stern und N. Bruschweiler-Stern (2009). *Bob's Breakfast: From in the Mind to on the Stage.* [Eingereicht]

Winnicott, D. W. (1971). *Playing and Reality.* London (Tavistock). *Vom Spiel zur Kreativität.* Übers. von M. Ermann. Stuttgart (Klett-Cotta).

Yamada, H., N. Sadato, Y. Konishi, S. Muramoto, K. Kimura, M. Tanaka, Y. Yonekura, Y. Ishii und H. Itoh (2000). A milestone for normal development of the infantile brain detected by functional MRI. *Neurology* 15, 218-223.

Zajonc, R. (1980). Feeling and thinking: preferences need no inferences. *American Psychologist* 35, 151-175.

Zatorre, R. J., J. L. Chen und V. B. Penhune (2007). When the brain plays music: auditory-motor interactions in music perception and production. *Nature Reviews Neuroscience* 8, 547-558.

Zbikowski, L. M. (1998). Metaphor and music theory: reflections from cognitive science. *Music Theory Online* 4(1).

Zoia, S., L. Blason, G. D'Ottavio, M. Bulgheroni, E. Pezzette, A. Scabar und U. Castiello (2007). Evidence of early development of action planning in the human foetus: a kinematic study. *Experimental Brain Research* 176, 217-226.